思想政治教育研究文库

—

全方位育人视角下的学生工作探索

丁建安　著

光明日报出版社

图书在版编目（CIP）数据

全方位育人视角下的学生工作探索 / 丁建安著 . --
北京：光明日报出版社，2021.6
ISBN 978－7－5194－6017－4

Ⅰ.①全… Ⅱ.①丁… Ⅲ.①高等学校—学生工作—
研究 Ⅳ.①G645.5

中国版本图书馆 CIP 数据核字（2021）第 077986 号

全方位育人视角下的学生工作探索

QUANFANGWEI YUREN SHIJIAO XIA DE XUESHENG GONGZUO TANSUO

著　　者：丁建安

责任编辑：杨　茹　　　　　　　责任校对：刘欠欠
封面设计：中联华文　　　　　　责任印制：曹　净

出版发行：光明日报出版社
地　　址：北京市西城区永安路 106 号，100050
电　　话：010-63169890（咨询），010-63131930（邮购）
传　　真：010－63131930
网　　址：http://book. gmw. cn
E - mail：yangru@ gmw. cn
法律顾问：北京德恒律师事务所龚柳方律师

印　　刷：三河市华东印刷有限公司
装　　订：三河市华东印刷有限公司
本书如有破损、缺页、装订错误，请与本社联系调换，电话：010-63131930

开　　本：170mm×240mm
字　　数：108 千字　　　　　　　印　　张：11
版　　次：2021 年 6 月第 1 版　　　印　　次：2021 年 6 月第 1 次印刷
书　　号：ISBN 978－7－5194－6017－4
定　　价：85.00 元

目 录
CONTENTS

导论：

全方位育人是当今高等教育发展的基本要求

对于我国高等教育事业发展而言，高校思想政治教育工作是一项长期性、综合性的大工程。习近平总书记在全国高校思想政治工作会议上强调，高校思想政治工作关系高校培养什么样的人、如何培养人以及为谁培养人这个根本问题。要坚持把立德树人作为中心环节，把思想政治工作贯穿教育教学全过程，实现全程育人、全方位育人，努力开创我国高等教育事业发展新局面。

"全员、全过程、全方位"是习近平总书记对高校思想政治教育工作的理论创新，探索高校思想政治工作全员、全程育人，实践全方位育人，能够帮助我们正确回答"培养什么人、怎样培养人、为谁培养人"的问题。

"全方位育人"是高校思想政治教育工作在空间维度上的横向延展。在全方位育人的视角下，协同高校各方因素，整合高校学生管理工作中的共性内容、普遍问题，在管理工作中从加强和深化思想政治教育工作入手，构建提升高校学生管理的思想政治教育功效的可行机制，从而形成一股育人合力，调动各种教育因素积极参与，发挥好学校思想政治教育的导向功能。

全方位育人是指充分利用各种教育载体，主要包括学生综合测评和奖学金评比、贫困生资助与勤工助学、学生组织建设与管理、校园文化建设、学风建设、诚信教育、社会实践等，将思想政治教育寓于其中。这就需要高校多个部门、多种思想政治教育元素同心同向，协同参与，合理调动资源，科学分配要素，做好统筹。协同是整合现有资源、实现资源高效利用的重要手段，创新是认识现状、解决问题的科学思维。在实现全方位育人的工作中，大力推进协同创新是提升工作成效的必然要求，是实现高校育人目标的基本保证。要用科学高效的工程思维来解决思想政治教育工作的质量和效率问题，就要在推进凝聚共识、整合资源、提升效率方面下功夫，推动高校思想政治教育工作共同体、协作体和综合体建设，实现我国高校全方位育人。

一、凝聚共识，构建高校全方位育人的共同体

"全方位育人"是一个系统性的工程，要把育人工作贯穿到学生学习、生活、思想等各方面，促进大学生全面发展。这就需要动员全校师生共同努力、上下一体、携手并进，把做好高校思想政治工作提升到高校生命线的高度上来，从认识高度、组织建设、制度规范等方面着力，凝聚力量形成共识，构建思想政治教育工

作的共同体。

高校要高举旗帜，锐意进取，迎接全方位育人战略工作新挑战。高校要从历史、现实和趋势三个角度，认识到全方位育人在思想政治工作中的重要性。认真思考总结中国共产党开办教育以来的成功经验：就是要在办好教育的全过程中抓好思想政治工作。在革命和建设时期，作为现代中国多所高校前身的延安干部学校、华北（联合）大学等高校，正是非常重视思想政治教育工作才取得了辉煌成就。中华人民共和国成立后和改革开放以来，高等教育获得跨越式发展，思想政治教育工作常抓不懈，确保了社会主义办学方向，培育了大批社会主义现代化建设人才。新时代高等教育面临更多机遇和挑战，只有从全方位、多维度着手，更加认真地抓好思想政治教育工作，才能在机遇面前抢得先，挑战面前站得稳，实现我国高等教育新发展。

高校要同心协力，奋发有为，打造全方位育人体系的教育新生态。在打造全方位的教育体系之中，首要措施就是要明确责任分工、加强组织建设，实现高校全体上下步调一致、协调行动。其中高校党委是思想政治教育工作的领导部门，要发挥好统领协调作用，统筹建立思想政治教育工作专项协调机构，安排专门人员负责到底。加强思想政治教育工作需要合理的人员配备和师资保障，高校要按照生师比要求建好思想政治课程教师队伍，建立对应和配套的教辅人员队伍，科学合理设置高校专职辅导员、班主任岗位，对直接参与思想政治教育的学生工作队伍、心理健康教育教师加强政治素质和岗位技能培训。高校不仅要整合思想政治教育工作所需的人力资源，还要根据思想教育工作具有高度敏感性的特征，建立教育内容审查和挖掘的专项机构，保障课程教材建设和选用的规范化，统筹调配各种教育教学资源，深度挖掘学校校史、校情特色，提升高校思想政治教育工作的深度和影响力，为全方位育人活动的开展提供多元动力。

高校要制度创新，保障有力，构建全方位育人体系的思政新模式。高校要站在改革开放新时代前列，加强理论研究和制度创新，确保各方面因素切实形成合力，构建长效育人机制。高校思想政治教育工作关乎我们党和国家教育事业的长远发展，必须依靠科学合理的制度建设实现工作流程规范化和成效维持长期化。高校要在全方位育人视域下加强思想政治教育工作的顶层设计和实施方案，形成科学合理的队伍建设规划、工作奖惩机制等，让热爱思想政治工作、希望做好思想政治工作的团队，让愿意去做、能够做好的师生受到鼓舞，而对那些漠视思想政治教育工作甚至思想上与其反向的人予以惩罚或者处分，形成优胜劣汰机制，让思想政治教育工作深入人心、融入生活，保持思想政治工作的吸引力和影响力。

二、整合资源，建设全方位管理育人的协作体

加强高校思想政治教育全方位育人工作不仅具有系统性，更具有层次性。这是因为高校思想政治教育工作涉及面广、受众群

体大，需要多部门、多主体、多层级的综合协作。只有多层级共同发挥合力才能巩固和加强思想政治教育的已有成效，进一步扩大影响力，提升师生在受教育过程中的参与度和获得感，形成各方面因素积极参与的局面，构建管理育人与教书育人相结合的全方位育人体系。

党委和行政拧成一股绳。目前，高校在管理体制设计上普遍实行党委领导下的校长负责制。党委和行政两个管理体系要统一认识，形成合力，共同把抓好思想政治教育作为常年摆在案头的重要工作。尤其是在"轻管理、重服务"的高校行政管理体系中，教学行政和教辅体系要积极认真落实党委领导下的主体责任，严格做到"守土有责、守土担责、守土负责"。

教学和科研连成一条线。高校实现人才培养目标的主要抓手在于教学和科研，二者相辅相成、相互促进。高校要把思想政治工作贯穿到教学科研的全过程，发挥思想政治教育工作黏合剂、定海针的重要作用。思想政治理论课是提升思想政治教育质量的教学主渠道，此外，其他课程同样具有开展和强化思想政治教育的功能和责任。专业课程中融入思想政治教育，既能够保证专业课程教学效果，又能发挥教育引领的实际作用。在教学研究和学术研究中要坚持思想政治教育导向，确保研究成果顺利转化，促进人才培养目标的最终实现。

权责与职能形成一大片。高校行政体系里按照不同权责设置了相应的管理机构，在思想政治教育工作面前，各部门机构要扫除部门界限障碍，倡导紧密团结、通力合作的工作作风，最大限度地发挥各自职能优势，确保思想政治工作的全覆盖。学生工作、组织宣传、教学科研、后勤保卫等相关部门都在一定程度、一些方面承担了思想政治教育工作。高校职能部门要积极推进自身权责与其他部门工作进行融合，围绕加强思想政治教育工作，挖掘合作深度，共同推动高校思想政治教育工作的统一化和体系化。

部门和院系合成一股劲。高校中的二级院系是直接面对学生的部门，是思想政治教育工作的一线。在全员全过程全方位加强思想政治教育工作格局中，各院系要积极配合职能部门开展工作，还要结合本院系专业特色进行创新，把专业知识教研与思想政治教育工作融会贯通，提升思想政治教育的针对性和丰富性，把思想政治教育工作做实、做细、做好。

三、提升效率，打造全方位服务育人的综合体

习近平总书记在全国高校思想政治工作会议上指出："思想政治工作从根本上说是做人的工作，必须围绕学生、关照学生、服务学生，不断提高学生思想水平、政治觉悟、道德品质、文化素养，让学生成为德才兼备、全面发展的人才。"[①] 高校思想政治教育工作构建全员、全过程、全方位育人的工作格局，还要重视高校管理中管理服务育人作用的发挥，利用科学的管理模式、高效

[①] 习近平. 把思想政治工作贯穿教育教学全过程 开创我国高等教育事业发展新局面 [EB/OL]. 人民网，2016-12-09.

的工作效率、高水平的服务质量感染人、打动人，在服务中对学生进行润物无声的思想政治教育，全方位、多角度影响大学生的成长及发展。

实体平台上以效率吸引人。高校管理服务工作主要是分布在不同的职能部门。例如，学生处负责学生日常管理、奖助贷落实、纪律处分、征兵军训、国防教育、就业指导、档案管理等业务；后勤处负责学生公寓、食堂、浴室、网络、卫生就医服务等。以提升服务质量与效率为原则，打造学生一站式服务平台是优化高校硬件软件环境建设的重要抓手。通过协调创新，利用流程化管理思维，对学校各部门管理服务职能进行整合连接，提升高校管理服务效率和质量，让学生在充满科技元素的平台上发挥自助服务、自我管理的主动性和积极性，营造学校管理和教育工作的融洽氛围，进一步提高思想政治教育的认同感和亲和力。

网络平台上以氛围影响人。现今时代网络科技与新媒体技术发展迅猛，日新月异，各种思潮在网络环境下激荡冲突，网络平台已经成为思想政治教育的重要手段和关键阵地。高校要应形势变化，主动出击，以协同创新思维建好、管好、用好"两微一端"网络信息平台，让主流声音和核心价值观在新媒体中同样占据思想舆论高地。另外，高校要加强信息管理服务，建设完善网络信息门户，既提供高效便捷的网络服务，又充实平台内容建设，实现正能量聚集、好声音不断，为加强思想政治教育工作营造氛围。

实践平台上以参与培育人。协同创新思维加强思想政治教育工作，应当是全方位、多角度的综合实施过程。当前高等教育的教学方法日益注重实践教学和实验教学，思想政治教育工作亦不例外，要注重发挥校内外实践平台的思想政治教育作用。各类校外实践平台作为校内教育的社会延伸，高校要加强与各基地合作单位的统筹与交流，围绕思想政治教育工作主题，建设好爱国主义教育基地、党员教育基地、社会实践锻炼基地等平台，让学生自觉参与、主动投入，以实际行动见证思想政治教育效果，巩固思想政治教育成效。

学习贯彻习近平总书记系列重要讲话精神，如何做好高校"三全育人"工作，尤其是整合协同高校各方因素，形成育人合力，实现全方位育人，是当前探索大学生思想政治教育工作必须深入思考和认真研究的重要课题。以协同创新为原则，建设高校思想政治教育工作的共同体、协作体和综合体，确保高校在遵循思想政治工作规律、教书育人规律、学生成长规律的内在要求下积极构建全方位育人的实施体系。高校要在各项具体事务中全面做好思想政治教育工作，让学生不仅听得见，而且能够看得见，不仅能够感受得到，而且愿意参与进来，最大限度地发挥高校领导、教师、学生多个层面的积极性，实现全员、全方位、全过程的育人效果。

第一章

强基健体：高校学生党建工作

为实现全方位育人，学生党建工作作为高校思想政治教育的一部分，丝毫不能偏离政治方向。高校是意识形态工作前沿阵地，知识集中、思想活跃，承担着为实现中华民族伟大复兴的"中国梦"培养人才的艰巨任务。高校学生意气风发、朝气蓬勃，是建设社会主义事业的生力军和后备力量，发展优秀学生党员更是向党输送新鲜血液最直接的有效途径。当前，随着新形势下世情、国情的深刻变化，加强高校学生党建工作面临紧迫的形势，亟须解决发展中的关键问题，引领青年学生党员自觉遵循党章党纪，建设充满活力和战斗力的基层学生党组织，为党的健康蓬勃发展做出贡献。

第一节　高校学生党建现状分析

学生党建工作是高校思想政治工作的重要组成部分，党中央历来高度重视在高等学校发展学生党员工作。在新形势下整合各方力量，努力构建高效的全方位育人体系，确实需要提高学生在学习活动中的主动性与积极性，培养学生自我管理、自我提升、自我完善的能力，这才能有利于实现高等教育重塑教育育人的目标，实现教育工作的本质要求。

一、高校学生党建工作的现状与问题

近年来，作为党员发展、党组织建设中人数增长最快的群体之一，高校学生党员群体发展势头迅猛，学生党员的群体占比不断提升，基层学生党组织不断壮大，高校学生党建工作取得突出成绩。但同时应看到，受主客观条件的影响和制约，高校学生党建工作还存在一些不足，主要表现在以下方面。

第一，高校学生党员发展的数量与质量不均衡。据统计，自1990年以来高校学生党员发展数量连年攀高，学生党员占学生总体人数的10%左右，其中本科阶段的学生党员占15%，研究生及

以上党员占 8%。① 高校中学生党员体量庞大，但质量堪忧。党员发展方面的问题主要包括入党动机不纯、党性修养不足、党史学习不精、党章研读不深、党纪坚守不严。端正入党动机是党员发展和培养的第一步，把好入口关，把真正具有党性追求的优秀青年学生吸纳进党员队伍，是高校学生党建工作的首要任务，而对新进党员的持续培养则是高校党组织建设的关键环节。要树立党员发展与党性教育并重的理念，认识到完成入党程序只是党员发展的开始动作，要持续不断地加强党性修养培育、党史党章学习和党纪党规教育，使学生党员端正入党动机、强化党性修养、熟识党史党章、自觉遵守党纪党规，确保高校学生党员发展数量和质量的双提升。

第二，高校学生党组织建设的基层工作不到位。与其他群体相比，高校学生党员群体及党组织具有其自身特点，学生党组织建设一定程度上缺乏职业化、专业性亦在所难免，但除此之外，基层工作不到位的问题则严重影响了党组织的健康持续发展，甚至危及党的形象，这些问题主要体现在以下几个方面。首先，高校学生党组织民主生活会的非常态化。民主生活会是党员同志之间相互学习、共同提高的主要方法，是响应党中央的号召建立学习型党组织的重要手段和基本要求，因此，民主生活会应该常态化。但在实践中，一些高校学生党组织工作积极性不足，民主生

---

① 甘桂阳. 高校学生党建工作：问题透视与对策创新［J］. 改革与开放，2010（18）.

活会是上级有令则行、无令则止，陷入时有时无的境地。其次，高校学生党组织的基层制度执行不严。学生党组织的基层制度相对较为简易，批评与自我批评、民主集中制等党的制度和优良传统应该予以继承和发扬。基层学生党组织是学生党员群体的最小单位，但由于相对分散在不同的院系、专业、班级，且人数稀少，在党的基本制度的执行上容易面临简单化倾向，使执行的严肃性和效果大打折扣。最后，高校学生党组织的学习活动缺乏规划。学生党组织依托学校资源，在加强学习型党组织建设上有着先天的优势，因此，学生党组织在组织学习时不仅要有计划地安排党的基本理论知识、方针、政策学习，还应当结合时事，加强对党所关心关注的社会问题的研究。但目前在高校学生党组织中，普遍存在的是学习活动没有长期计划、缺少全盘规划，听指令式的临时学、突击学问题突出，自主式长期学、不断学的习惯尚未形成，在学习组织的长远规划和学习效果的检验上还需进一步严格规范。

第三，高校学生党组织发挥的战斗堡垒作用不突出。学生党员是学生群体中的精英分子，高校党组织在发展学生党员时非常重视党员个人的能力培养和素质提升，但对学生党组织在学生群体中的引领作用有所忽视。高校学生社团组织多种多样，学生党组织应当是所有学生组织中的佼佼者。但在实际中，学生群体往往更容易被兴趣社团、学生自组织团体所吸引。这是由于部分高校不能充分运用和发挥学生党组织的引领优势，导致学生党员主体意识和责任意识缺乏，凝聚力不足、影响力有限，影响了战斗堡垒作用的发挥。因此，高校党建工作中要科学合理地加强组织建设，指导学生党员组织发挥在思想建设中的红色引领作用、在学风建设中的典型带动作用、在党团活动中的凝聚黏合作用，做校园活动、校园建设的组织者、参与者、实践者和服务者，引导学生党员联系同学、贴近同学、服务同学，与广大同学一同进步。只有将组织建设功夫用在平时，才能在关键时刻发挥战斗堡垒的突出作用。

二、高校学生党建工作的特点与挑战

针对高校学生党建工作的现状与问题，我们应当认真分析新时期高校学生思想政治教育和党建工作的特点和存在的挑战，应对日益紧迫的形势要求，考察高校学生党建工作的普遍性和特殊性，以增强党建工作的针对性。高校要运用青年学生喜闻乐见的话语和方式，开展主题鲜明、丰富多彩的学生党建活动，以党建带动思政、以思政推动育人，培育具有改革创新精神、激扬青春风采的德智体美劳全面发展的社会主义合格建设者和可靠接班人。

（一）高校青年学生党员群体的特点

青年学生具有思想活跃、学习能力强、接受新事物的意愿和独立思考意识强烈等特点，这是青年学生的优点，但往往也因此存在着易受环境或他人影响、信念的坚定性和持续性不强、学习生活中情绪化思维严重等缺点，这对高校党建在进一步加强学生认知和思维特点的研究和把握上提出了新要求。同时，由于青年学生群体的身份特征首先是学生，在学生基层党组织中难以实现职业化建设，学生党员干部往往兼任学生组织的其他职务或工作，学生党建的组织和宣传工作在某些方面往往受到限制，因此需要进一步创新学生党组织的工作方式。此外，由于高校学生在校时间短，受学制限制，在3—4年就要完成从普通群众向正式党员的转换，因此需要高校在进一步加强党组织和党性培养效果的长期性和稳定性上下功夫。

（二）高校面临的客观环境日益复杂化

高校是知识碰撞、思想激荡最为激烈的场所，各种不同的意识形态、社会思潮在高校中普遍存在。西方社会思潮以不同面目出现在高校学生周围，无时无刻不在影响或腐蚀着青年学生的头脑，意识形态战场未远、硝烟未绝，警钟理当长鸣。尤其是随着我国改革开放不断深入，市场经济改善和人民生活水平提高的同时，负面效应如功利主义、拜金主义等不良价值观，正持续不断地冲击着青年一代，与我们党的正面教育形成拉锯战。高校作为整个社会的有机组成部分，并非孤立之城、世外桃源，校园与社会是开放的互动关系，社会上的各种腐败现象同样影响着高校学生的价值观养成，甚至有些腐败行为在高校发生，这些都给学生党建工作带来不小的冲击。

（三）新媒体对高校思想政治工作的普遍影响

21世纪以来，随着网络科技的蓬勃发展，信息传播领域的技术革命打破了社会生活诸多领域的传统思维、方法和观念。高校学生勇于尝新，既是新媒体技术革命的主力军，也是新技术普及的受益人。就新媒体技术对高校党建工作的影响来说，有以下三个方面：变革信息传播方式、加快信息传播速度、改变信息认知深度。据此，高校党建工作也要因应变化、善事利器、积极参与，既要善于发挥新媒体在宣传范围、传播速度上的优势作用，也要继续深挖传统方式自身特有的持久效应，新老结合，扬长避短，及时化解新媒体技术带来的"浅阅读""短平快"速食效应，巩固学生党建工作中组织建设、思想宣传的长期成果。

第二节　高校学生党建工作改进

习近平总书记在全国高校思想政治工作会议上指出，我国高等教育肩负着培养德智体美劳全面发展的社会主义事业建设者和接班人的重大任务，必须坚持正确的政治方向。① 习总书记对高等教育满怀殷切期待，对高校办学方向做出明确指示。贯彻习总书记讲话精神，就是要以讲话精神为指导，检视高校建设和发展中存在的突出问题，提出切实的解决方案，抓好任务落实，推动高等学校思想政治工作和党的建设全面发展。从落实学习习总书记

---

① 习近平. 把思想政治工作贯穿教育教学全过程　开创我国高等教育事业发展新局面 [EB/OL]. 人民网，2016-12-09.

讲话精神的角度，加强和改进高校学生党建工作，是我们党在新时期加强党的队伍建设的一个重要任务和抓手，应得到各高校党委的普遍重视。

高校要把党建和思政统一起来谋划，以党建为引领，增强学生党组织的组织力、凝聚力和向心力，积极组建学生党组织队伍，加强对学生党建工作的教育引导和沟通管理，发挥学生党组织在全方位育人方面的优势和功能作用。针对高校学生党建的现状和存在的问题，结合高校学生党建的特点和面临的挑战，我们认为，今后高校学生党建工作应该重点在以下几个方面做出努力。

第一，加强理想信念教育，树党员信仰之魂。理想信念教育是党建工作的根本，能否牢固树立每一位党员的坚定信仰是衡量党建工作成败的唯一标准。针对高校党建工作中，部分学生党员入党动机不纯、党性修养不足，部分基层组织执纪不严等问题，从理想信念教育的这个源头抓起，是改变现状、解决问题的最好出路。理想信念教育工作做得扎实，既能净化党员、干部心灵，又能净化组织，让党建工作有抓手、有力量。理想信念教育是树魂工程，时刻不能放松，更不能轻易忘却。习近平总书记提出的"两个一百年"目标和"中国梦"，是开展理想信念教育的新内容、新纲领，是鼓舞党员、干部在新时期守望理想、坚定信念的精神食粮。在高校学生党员干部中开展理想信念教育，要坚决贯彻党中央的决策和习近平总书记系列讲话精神，努力学习党史、党章，内化信念于心，外化理想于行，用理想指引行动、用行动实现理想，积极为党的事业做出贡献。

第二，加强形势政策教育，补精神引领之钙。新时期，高校党员、干部面临诸多挑战。尤其是金融危机以来，世界格局风起云涌，中国经济一枝独秀的同时，也面临着内外压力，经济转型的阵痛与增速换挡的风险兼具。我们党一手抓反腐、一手抓经济的魄力鼓舞士气、振奋人心，深化改革的执政方略和经济发展中长期规划的大政方针为解决问题指明道路。在高校学生党建工作中加强形势政策教育，是巩固党的执政力量、建立学习型基层党组织的内在要求，是应对客观环境复杂变化的有效策略，是党员干部学习中锻炼辩证思维、正心释疑解惑、实现共同提高的最佳途径。在学习方法和学习手段上，要重视对新媒体的适应和使用，主动自觉学习互联网技术及思想宣传技巧，警惕别有用心的谣言引起的精神钙质流失，要在学习中提高分辨能力、学会在互联网领域游泳，用好用对自由空间，时刻牢记党员身份，主动回应不良信息或恶毒攻击，自觉与党中央保持高度一致。

第三，加强学生党组建设，强基层组织之体。坚强有力的党组织是党的生命健康的切实保障，关系着我们党在学生群体中的形象与影响力。强健的组织力量是党发挥战斗堡垒作用的保证，加强学生党组织建设要坚持几个原则。一是选好干部。学生党支书成员是学生群体中的主要干部和带头人，关系到党的组织在广泛群体中的形象和影响力。德才兼备是选拔学生干部的主要标准，重点是德，才为德用，要选拔那些服务意识好、责任意识强、领导能力突出、具有实干精神的党员作为干部，增强党组织的凝聚力、向心力和战斗力。二是建好制度。好的制度是组织的健康枝干，学生支部的制度建设具有长期性和延续性特点，既要秉承传统优势，又要与时俱进，有所创新。组织建设是历练学生党员干部能力、约束个人行为的重要窗口。会议制度、决议制度、干部选任制度等是组织良好运行和科学决策的保证，因此，加强学生党支部组织建设的重要内容之一就是要推进制度建设的规范化、科学化。三是重在培养。发现和推荐优秀学生入党，选拔和任命优秀党员担任干部是党的组织建设的重要使命，对党员、干部的持续培养更是要做出无止境的努力。大部分青年学生党员的知识体系、政治操守尚未完备、成熟，加强干部培养是不断向组织力量输血的过程，能够促进干部成长和组织成熟，使得我们党的后备干部脱颖而出，实现人才拔节式成长，提高党的凝聚力和长远发展活力。四是严在纪律。针对高校学生党建工作中普遍存在的问题，要务必加强纪律规范。严格的纪律是党坚强战斗力的保证，要以学习党章、党纪、党规为核心，加强对学生党员纪律教育，使守纪律、讲规矩成为学生党员的自觉追求。要执纪从严，对触犯了纪律的行为及时依法依规严肃处理，维护党的威信。

第四，加强民主生活指导，健组织关系之身。民主生活会是党内政治生活中的一项重要制度，对于加强高校学生党组织建设有着不可替代的重要作用，这需要上级党组织加强指导和监督。在加强指导方面，要组织学生党员干部加强对党的组织生活原则、民主集中制原则、批评与自我批评原则等党内有关条例和党纪法规学习，积极引导学生党员正确认识民主生活会制度，为开好民主生活会奠定思想基础；要认真分析研究不同党组织的特点，根据不同情况，指导建立符合学生党员学习和生活实际的民主生活会制度，以及规范化、系统化、常态化的民主生活会组织形式、组织程序等，为开好民主生活会打牢制度基础。在监督方面，要进一步规范学习内容，结合不同时期党建工作要点，有重点、有策略地布置学习计划，安排专门辅导人员，引导学生党员从筑牢思想基础、加强道德修养、增强学习作风方面加强自身建设；要进一步规范学习管理，指导学生党组织创新民主生活会组织形式，加强对学习组织策划的研究和会议效果的总结，开展广泛深入的民意调查工作，认真听取学生党员意见和建议，不断提升民主生活会的质量和水平。

习近平总书记在全国思想政治工作会议上指出，办好我国高等教育，必须坚持党的领导，牢牢掌握党对高校工作的领导权，使高校成为坚持党的领导的坚强阵地。① 青年学生是国家和民族的未来和希望，青年学生党员更是党的干部的重要后备力量。高校工作者要勇担历史使命，不断强化政治理论学习，牢牢掌握高校意识形态工作的话语权，积极探索加强和创新学生党建工作的好方法、好举措，要"因事而化、因时而进、因势而新"，帮助和引

---

① 习近平. 把思想政治工作贯穿教育教学全过程 开创我国高等教育事业发展新局面 [EB/OL]. 人民网，2016-12-09.

导学生党员积极投身建设中国特色社会主义事业的伟大实践中，以全方位、多角度的协同视角，努力推动新时代高校人才培养工作创新发展。

第二章

奖以励人：高校学生奖励制度

全方位育人视域下，高校要善于调动各种教育因素，统筹校内外资源，做好各项学生工作，营造出教书育人、管理育人、服务育人的氛围。高校各部门齐心协力，通力合作，为学生的学习活动提供基本的物质保障及精神保障，通过物质文化奖励机制的设置，以及精神层面的激励建设，全方位、多角度影响大学生的成长及发展，进一步将立德树人、育人成才的工作落到实处。

第一节　高校学生奖励制度现状

高校学生奖励机制是我国高等教育制度的重要组成部分，在学风建设和校园文化建设方面发挥着重要作用。高校通过正面激励的方式，教导学生应该怎么做、做什么以及做到什么程度，奖励是开展人才培养的重要途径。因此可以说，高校奖励制度是学风建设和学生培养的指挥棒，具有鲜明的引领和导向作用，受到学校师生、家庭和社会多方面的关注。学生奖励机制能否切实发挥应有作用，不仅关涉学生个人利益，更关系到学校搭建全方位育人体系，努力实现高等教育人才的培养目标。

一、高校本科学生奖励制度现状

自 20 世纪 80 年代以来，高等院校在教育教学管理的制度建设上取得巨大进步。依据时代发展和社会需要，围绕高等教育办学目标和人才培养，高校本科学生教育和管理方面进入全面建设的新时期，学生奖励制度不断完善，奖励项目的设置日趋科学、合理，逐渐形成覆盖面广、奖励受众多、正面激励作用突出等良性发展趋势。

本科生的教育和教学是高等教育的重要组成部分，也是硕士、博士教育的起点和基础。一般而言，除了社会上针对高校学生设置的各类捐助奖励项目和机制以外，普通高校针对本科学生设置的奖励项目概括起来主要分为两个类型、三个层级、四个内容。高校本科学生奖励项目的两个类型包括物质奖励和精神奖励，一般是指奖金和荣誉；三个层级是指国家级奖励、省部级奖励和学校级奖励；四个内容是指奖项设置的针对性一般涵盖奖励学生全面发展的四个基本要素，即德、智、体、美所指的基本要求。目前高校本科学生奖励的最高等级为国家奖学金、国家励志奖学金，属于国家级别的奖励项目，奖金额度高、奖励对象明确，受到广大学生的热切关注。一些省市、部委根据本部门特点设置省部级奖励项目，包括荣誉奖励和奖金奖励两类，如省市级三好学生、优秀学生干部、优秀毕业生及省部级奖学金等，在学生毕业、就业、升学等方面受到高度认可。高等院校自身也会依据财务预算、办学规模等情况设置不同获奖比例的校级奖学金项目，以及三好学生、优秀干部等荣誉奖励。这些奖励项目的设置，体现了高等院校在人才培养方面的目标追求，在学生中间较好地发挥了办学方针、学风建设和育人成才等方面的引领作用。

目前普遍存在于各级各类高校的本科学生奖励机制运行多年，学者对高校学生奖励机制的研究也较为深入。从现有的研究成果来看，目前高校奖励机制确实发挥了正面激励的作用，但也存在一些庸俗化、普遍化、物质化的问题，这些问题表现出来的倾向主要有以下几点。第一，重奖金、轻荣誉的倾向。物质奖励的受益直接而又明确，荣誉奖励一般都只是精神奖励，在学生中容易受到轻视。第二，重结果、轻过程的倾向。学生对奖励的结果非常看重，甚至有一些学生产生一些错误的认识，为奖励而学习，围绕奖励开展不当竞争，轻视奖项本身所带有的正面效果。第三，重先进、轻集体的倾向。奖励一定是给优秀的学生颁发的，但对一些其他未能获得奖励的学生关注度不够。奖励工作是思想政治教育的一部分，高校要善于根据学生奖励情况开展全体学生思想政治教育，做好落选学生、未获奖学生的思想政治教育工作，更加关注他们在成长过程中遇到的问题和困难，协助他们形成正确认识，找到解决办法，最终获得成才机会。

二、高校本科学生奖励体系运行

高等院校本科学生奖励制度的基本运行情况一般是结合学生综合素质的测评结果，按照由学生个人申报，学校进行认定、审批的工作流程及程序开展学生奖励工作。学校奖励机制的运行，实现了学生对自我价值的肯定、对培养目标的认同以及对全体学生的良好导向作用。

首先，高等院校学生奖励机制是学生自我肯定的过程。高等院校本科学生奖励机制的运行起点是加强对学生个体进步的激励。学生通过不同等级的奖励，对自我能力、自我价值的实现，在一定范围和程度上受到了肯定和鼓励。

其次，高等院校学生奖励机制是实现高等教育目标认同的过程。高等院校教育目标的实现，是鼓励学生自觉参与接受高校教育的结果，奖励机制是在学生中强化对教育目标认同的过程，也是树立学生自信，培养他们对自我肯定、对教育教学目标认同的过程。

最后，高等院校奖励机制是形成教育导向的过程。通过奖励优秀学生，树立学习楷模和标杆，引导广大学生向先进学习，切实发挥群体带动功能。奖励机制是一根目标明确、特点突出的指挥棒，是巩固教育教学效果的重要抓手。

总体来看，学生奖励机制的运行是教育教学的结果反馈，也是开展正面教育的过程。从高校奖励机制和体系的实际运行的情况来看，目前高校本科学生奖励工作中存在的问题主要有以下几个方面。

第一，高校奖励项目设置的协调性问题。高等院校本科学生奖励项目的设置围绕学生德智体美多方面的素质教育培养开展，既要奖励学生在学习方面获得的突出进步，也要在学生个性发展方面给予肯定和鼓励。既要奖励学习优秀的学生，也要对在德育、体育、美育等其他方面表现突出的学生予以奖励。第二，高校奖励的获奖学生代表性问题。奖励项目的设置要具有典型代表性，要既能够选拔出综合素质表现突出的优秀人才予以表彰和鼓励，也要兼顾普通学生能够通过切实努力达到的目标；既要把各方面表现确实优秀的学生选拔出来，也要兼顾普通学生的努力和进步。第三，高校本科学生奖励的时代性问题。在目前"大众创业、万众创新"的形势下，高等院校在奖项设置方面要更加鼓励学生创新，培养学生的创新意识和创业观念，尤其是在学业方面能够做出创新成就的学生，要重点加以表彰。

三、高校学生奖励制度反思

从目前高校奖励制度的运行情况来看，我国高校学生奖励项目的设置具有突出特点，但也有其不足。尤其是以教育部评估指标体系为镜，来审视高校普遍存在的奖励运行体系，以下几个方面存在着明显的不足。

首先，结果导向而非能力导向。高校奖励是面向在校学生评选出来的，一般是新学期伊始对上一学年在校的表现进行综合测评，根据综合测评的结果分配奖项归属，学生参与评奖的依据是过去一年来已经形成的客观结果，而且学生获奖行为也只是对过去进行总结的结果，学生并没有在评奖行为中获得能力激励。

其次，封闭环节而非开放运行。高校学生奖励体系是在学校内进行的奖励评价机制，重点评价学生在学校期间的行为表现，奖励的申请、评定环节完全由学校的教师、同学参与，既很少向社会征集素材，也很少将评选过程向社会开放，只是将评选结果即学生的获奖证书，由学生毕业时向用人单位出示。

最后，奖励共性而非鼓励个性。高等学校现行的奖励体系是归类法奖励，一般要求获奖学生品学兼优、思想进步、学习优秀等，这些都是综合评价，获奖比例在学生中一般呈正态分布。也就是说，目前的奖励体系是在奖励从众行为中表现尤其突出和优秀的人物，而非思想上具有特立独行气质或者在创新性思维中表现突出的学生。

第二节　学生奖励制度优化探索

教育部自开展全国高校本科教学水平评估以来，建立了相对比较完善的评估指标体系。在评估指标体系中，对学生奖励情况进行了一些基本指标设计，这些基本指标包括学生获奖项目、获奖人数、奖项涵盖范围以及奖项的影响力。在评估数据统计中，不仅要统计学生获得校级奖励的项目，还要重点统计学生获得省部级以上的奖励项目；不仅要统计学生的获奖人数、次数，还要统计获奖学生在总体学生的占比；不仅要统计学生获奖的范围，还要统计学生所获奖项的影响力，即奖项在社会中的认可度。根据奖励设置和奖励运行中出现的问题，对现行学生奖励机制进行理性反思和积极实践探索势在必行。从教育部评估指标体系来看，要进一步做好学生奖励工作，还要从"优化"和"协调"两个角度出发，对现行高校本科学生奖励机制做出新的调整和革新。高校本科学生奖励机制的"优化"是指优化奖励运行机制，强化奖励工作的实效。高校本科学生奖励机制的"协调"是指奖项设置和奖项实施方面要更好地彼此补充、相互搭配，实现奖励设置的最终目的。

一、高校评估指标体系与学生奖励

自 20 世纪 80 年代以来，国家教育行政领导部门开始在全国范围内对高等教育的发展做出摸底性的评估，尤其是本科教学水平评估的实施以来，推动了高等教育大众化和高校在经费投入、管理水平、学科建设等方面的发展。本科教学合格评估指标体系共分 7 个一级指标、39 个观测点，涵盖了高校办学思路、学校定位、人才培养、师资队伍等方方面面的内容。其中关于学风建设和教学质量方面的指标体系是考察高校办学实际效果的基本评价依据，能够真实反映实际办学状况和办学质量。在"学风建设"一级指标基本要求的说明中指出："营造了良好的学习氛围，学生学习主动、奋发向上……积极开展校园文化活动，指导学生社团建设与发展，搭建了学生课外科技及文体活动平台，措施具体，学生参与面广泛，对提高学生综合素质起到了积极作用，学生评价较好。"在"教学质量"一级指标基本要求的说明中指出："学生展现出良好的思想政治素质，表现出服务国家和服务人民的社会责任感和公民意识，具有团结互助、诚实守信、遵纪守法、艰苦奋斗的良好品质，学生能积极参与志愿服务等公益活动。"在后续的高校教学质量评估监控数据采集的分区中，专门设计了高校学生获奖情况和社会评价数据统计。由以上足以可见，高校学生奖励制度和落实情况是评估体系的重要内容。

高校在教育教学管理上的制度建设取得巨大进步，在学生管理方面的奖励机制也在不断完善，质量不断提高，高校学生奖励的体系建构逐渐形成覆盖面广、奖励受众多、正面激励作用突出等特点。从高校评估指标体系来看，评价高校学生奖励获奖情况主要观测点在于奖励项目的层级、获奖学生占比、奖项的社会影响力等。与高校学生奖励相关的其他指标包括学生的能力培养情况、学生开展活动情况、学生就业情况、高校办学的社会评价等，这些观测点并不与奖励制度直接相关，但与高校学生奖励工作相互影响。因此在奖励制度建构和实践优化过程中也应该纳入考虑范围。

开展高校本科教学水平评估和审核评估的目的，不仅在于摸清学校的发展现状，更在于发现发展中存在的问题，并找出解决问题的路径和方法。因此高校评估指标体系能够为我们优化高校学生奖励工作提供基本依据。

二、优化高校学生奖励体系的原则和方向

从高校评估指标体系可以看出，奖励作为高校培育人才的制度工具之一，在学风建设和人才培养的各个方面都发挥着影响力。但如何优化这种影响力，实现奖励制度的全面正向效应，就应该从奖励项目设置的具体实践入手。

高校在奖项设置实践上的优化要把握三个原则。一是要加强奖励项目的针对性。奖励项目的设置除了综合素质测评的普遍奖励以外，更应该有针对性地对创新创业、精神文明、思想进步等方面表现突出的学生开展奖励，实现奖励在价值引领方面的导向作用。二是要增加项目评审的开放性。各高校在开展奖学金项目评审时要扩大评审程序的公开范围，广泛吸纳校内外的力量参与奖励评审，既增加奖项影响力，又提升奖项含金量。三是要扩大奖励项目的影响力。除了在评审过程中增加开放性来扩大影响力以外，对获奖学生和奖励项目加强宣传必不可少。通过对奖励荣誉和获奖人物的高密度、深层次、多角度的宣传，有利于提高高

校办学的社会评价，回馈和反哺国家和社会对教育的支持。

总的来说，高校奖励制度取得的巨大成绩，在高等教育发展历程中发挥了无可替代的作用，但对于很多高校而言，结合教育部本科教学水平合格评估和审核评估的指标体系，仍有很大的实践优化空间。

首先，高校奖励制度要回应以奖带助的新趋势。自 2007 年高校学生资助新体系建立以来，"奖贷勤补减"五位一体的奖励资助措施基本能够满足家庭经济困难学生的资源需求。国家和政府每年都要投入大量的财政资源，拨付高校开展包括国家奖学金在内的奖励资助评审发放工作，"以奖带助"或"以奖代助"已经成为高校学生资助的新趋势。因此在开展奖励制度优化时，高校应当主动回应这一趋势，把对家庭经济困难学生的资助纳入奖励制度的设计架构中。另外，高校要善于引入社会资助资源，形成开放性的奖励设置体系，选择适当时机纳入和引进校外评选体系，开放办学校、开门办奖励。

其次，高校奖励制度要把握奖励创新的新导向。高校的发展要符合经济社会发展的实际状况，要呼应社会经济发展的前沿需求。目前，创新是当前经济发展的新潮流和新要求。高校培养人才的目标之一就是要培养创新型人才。因此在奖励制度设计上要加大对创新行为、创新思维、创新成果的奖励力度、范围和层级，对具有创新思维和创新能力的学生要大力宣传、重点培养，形成开拓创新事业、爱护创新人才、热爱创新思维的大环境，掀起大众创业、万众创新在高校领域的高潮。

最后，高校奖励制度要形成共同进步的新氛围。高校奖励本身不仅仅是为了奖励优秀，更不是打击落后，而是要通过奖励一部分暂时领先的优秀学生，带动全体学生共同进步。高校培养人才不再是精英文化主导下的少数人教育，而是推动社会整体进步的大众化教育。为此，高校的人才培养不能掐尖、拔优，既要尊重学生的个体个性，又要提升学生的整体素质，高校奖励制度的优化实践中要能够兼顾每一名学生的主观感受和客观进步，形成彼此学习、相互追赶的共同进步氛围，实现各项教育因素积极参与的生动活泼局面，为国育才、造福长远。

三、完善学生奖励制度的政策建议

经过教育部几轮教学评估以后，全国高校奖励机制相对比较完善，基本能够适应当代教育的发展现实需求，但高等教育发展的目标在于追求精益求精的育人效果，因此，我们仍应该基于教学评估的结果，认真思考和发掘学生奖励工作的优化空间。从操作层面来说，高校本科学生奖励制度的探索要在以下几个方面做出努力。

第一，奖项设置上要兼顾物质性和精神性。奖金奖励和荣誉奖励都是对某些方面表现突出的优秀大学生的肯定和鼓励，二者相辅相成，不可偏颇。高校奖励体系中的奖金奖励也要突出精神效果，不但要给予奖品奖金，还要把思想政治教育工作提上来，配合奖金发放做好宣传工作，采取恰当的形式宣传奖金奖励项目所提倡的精神价值。荣誉性的奖励项目要适当配套一些物质附属品，除颁发荣誉证书之外，还要精心设计一些具有纪念和传承价值的奖品予以奖励。高校学生奖励的所有项目首先都应当是荣誉性的，要注重维护奖励的荣誉价值，在奖金性的奖励项目上更要强化宣传效果，维护奖励荣誉。

第二，奖项实施上要兼顾先进性和全面性。目前我国高等教育已经进入了大众教育的发展阶段，大学生群体不再只是天之骄子的精英群体，而是社会发展需要的宝贵人力资源，每一名大学生的成长成才都关乎家庭教育和学校教育的成败。高校奖励制度设计上既要选拔拔尖人才予以表彰，同时也要能够鼓励后进分子共同成长，获奖学生作为一个阶段或一个方面的先进分子要能够带领全体学生共同进步。奖励项目在设计上要覆盖因区域教育资源发展不平衡、个性发展不同步等造成的后进分子，重点关注因家庭经济困难、学习方法不当等造成的起点稍低又有进步追求的学生，他们的进步空间和进步愿望更需要得到正面的肯定和激励，获奖学生不能总是一人坐庄，独善其身，而要全面发展、整体进步。

第三，奖项认定上要兼顾公平性和公正性。高校奖励认定是一件非常严肃的工作，具有严格的纪律要求和需具备全面的监督监管体系。高校学生管理部门和学校教师要在评奖过程中坚持全程公开、公正和透明，坚决杜绝奖励的暗箱操作和照顾性奖励现象，弘扬正气清风，严格执行校规校纪，形成能够经受考验的评奖结果。主动向学生公开评奖程序和评奖依据，让学生在评奖过程中受到纪律教育、理想信念教育和工作方法教育，实现学生奖励工作的多重效应。高校要加强对奖项、奖金的纪律监督和财务审计，做到奖励资金专款专用，提升奖励工作质量，形成良好的评奖、颁奖氛围，促进校园文化建设。

第四，奖项宣传上要兼顾典型性和普遍性。高校要加强校际工作交流，学习其他高校的先进经验，前瞻性地做好学生奖励工作，也要依据自身办学特色创新学生奖励管理机制，鼓励全体师生共同参与和创造具有典型意义的奖励项目。高校奖励工作既要坚持数十年来教育发展中形成的优良传统，又要体现奖励工作的与时俱进，结合时代性的要求，在大众教育的大背景下做好奖励制度的普遍性设计，充分激励学生争先创优，全面发展。高校学生奖励制度要注重鼓励创新，鼓励个性自由发展，鼓励学生发现兴趣、学有所长，鼓励学生自觉追求进步。

人才培养是高等教育的最终目标，培养高素质的优秀人才是社会发展的需要，全面发展、德才兼备的人才是社会进步和经济发展的主要依靠力量。构建科学合理的奖励制度体系是一个长期过程，需要在工作实践中加强研究、不断摸索、大胆创新，做好学生奖励工作是巩固教学成果、涵育优良学风的重要途径，做好学生奖励工作，功在当下，利在千秋。

第三章

助人成才：高校资助育人

　　高校学生是社会主义现代化建设的宝贵资源，做好高校思想政治工作就必须围绕学生、关照学生、服务学生。学生资助工作是高校管理服务育人的重要组成部分，在具体工作实践中同样要遵循思想政治工作规律、教书育人规律和学生成长规律，因事而化、因时而进、因势而新，不断提高工作能力和水平，提升学生管理服务质量，推动高校全方位育人，实现科学合理的人才培养目标。

第一节　高校资助育人实践

　　加强和改进学生资助工作，组织学生资助专题研究，是推动学校学生管理服务工作提水平、上台阶的重要举措。高校资助工作是学生管理服务工作的重要方面，做好资助工作要从政治高度、责任意识和问题导向三个方面重视资助工作、强化资助工作、做好资助工作。

一、要站在讲政治的高度，充分认识到做好学生资助工作的重要意义

资助工作是一项具体业务，更是一项政治任务，是党和国家对青年学生的关心关爱。资助工作直接关系高校立德树人的根本任务；直接关系全员、全过程、全方位育人；直接关系学生健康成长、顺利完成学业和高等教育价值的实现。

资助工作是学生管理服务的内容之一，是学校育人工作和各项建设的组成部分。①学生参加勤工俭学，参与教室管理、网络管理、图书服务、后勤服务等各个领域，管好用好资助资源能够发挥事半功倍的效果。②学生资助与学生奖励、日常管理、就业升学、心理教育等密切相关，是在校学生稳定的生活状态和生活秩序的重要保障。③从学生个体的微观层面来看，只有把生活问题解决好，才能谈及发展问题，尤其是对从边远、贫困地区来的学生来说，每一项小的资助措施都是关系天大的事。④关心学生的成长是每一位老师应尽的责任和义务，资助工作提供了很好的渠道和资源，要珍惜来之不易的资助资源，公平、科学、合理地做好资助工作，真正把该给资助的学生的资金落实到位，把该给学生的指导落实到位，把该给学生的帮扶落实到位。⑤在经济帮扶的同时，也要帮助学生心理成长、提高素质，在全体学生中间弘扬正义正气信念，营造向上向善氛围，传播正能量。

二、要有强烈的责任意识，不断提升能力，改进方法，把学生资助工作做深、做实、做细、做精

资助工作不仅政策性强，而且具有一定的敏感性，涉及钱财物的具体利益分配，涉及工作纪律和政策底线，也涉及学生个人的隐私、尊严、思想、情绪等问题。因此，做好资助工作需要锻炼和提高三项基本能力。

第一，懂政策。财政部、教育部等四部门联合下发通知，将2017年确定为"学生资助管理规范年"，提出对象、力度、分配、发放四个精准的要求。高校各学院总支书记和辅导员在工作一线，要读懂、吃透政策。对于每一项资助政策，总支书记和辅导员都要明白具体是怎么回事，才能够给学生讲清楚资金来源、落实对象、评审标准等基本内容；明白资助资源的来龙去脉，才能够讲好资助政策、做好感恩教育，避免给学生造成不公平、不公正、暗箱操作、偏袒学生干部等误解。

第二，会沟通。做好学生资助工作，离不开对资助政策的宣讲，离不开与家庭经济困难学生的深度交流，否则就会将资助工作等同于按人头发钱、按时间结账。高校资助部门工作人员在工作中一定要秉持正念、充满善意、满怀爱心地与家庭经济困难的同学建立联系，以不同形式或渠道实现充分沟通和交流，该批评时批评、该指点时指点、该矫正时矫正、该关怀时关怀。既要学会一对一单独沟通，也要学会集体谈话式交流，在沟通和交流中积累经验，善于捕捉有效信息，提升工作效率。另外，在落实资助工作时，要力争做到建设一项、落实一项，公开一项、宣传一项，讲好高校学生中自强励志典型案例、成长成才故事。

第三，善协调。学校整体工作是一盘棋，在分配资助资源时，要尽量照顾到方方面面的不同情况，既要结合上级要求不搞平衡、不分比例，也要做到对学校的总体情况通盘掌握，不能故意厚此薄彼，主观臆断、分出亲疏远近。高校各二级学院的资助工作也是一样，每个年级、每个专业、每个班级之间涉及名额分配、资源协调时，要善于拿捏、善于协调，把各项政策的基本要求宣讲到位，统一调配学校资助资源，既确保特殊困难学生资助到位，又实现资助资源相对发散，教育一般困难学生不能得一望三，引导学生正确对待资助和奖励，做好学生的思想政治教育工作。善于协调不仅是要协调好资助资源分配，也要善于协调好资助工作与其他工作的关系，辅导员要主动扛起责任，做好本部门资助工作的联络员，协调好与同事和战友之间的工作分工，共同努力把本部门工作做好。

学生资助工作说起来很严肃，政治性强，精准度要求高，在实际工作中，建议有三个方面的方法需要掌握。

一是功在平时。重视资助工作，就是要让资助工作在日常管理中始终占有一席之地，从新生入学开始就要关注家庭经济困难学生。确定资助的对象，不仅要考虑学生家庭的实际经济状况，还要结合学生的日常表现；要考查学生在校期间的生活状态，贫困生申报中是否存在虚报、瞒报、漏报、不报等现象。这些都不是开一次会能解决的问题，而是需要多和学生交流、多和学生干部交流，走进学生当中去，才能发现工作中存在的问题，听听他们的意见、建议，在日常交流中得到的信息可能会更真实、准确和有效，更能够促进工作的开展与改进。

二是举重若轻。学生资助工作是一项系统性、体系性工作，是由不同的资助项目交叉运行起来的。高校的学生资助管理中心按照教育部相关要求，实行资助项目逐项评审、资助数据定期更新制度。学生资助对象是动态调整的过程，资助项目也是全年轮转的，对出现的误差可以随时在不同项目中间进行调整，一次非主观故意造成的小误差，在及时发现并做出调整后并不影响资助工作整体的精准性。

三是润物无声。加强学生资助工作，强化资助育人效果，要求对学生开展感恩教育、励志教育。在开展思想政治教育时，并不一定要就事论事，直奔主题，若给予学生资助时强行要求学生对学校、对国家感恩，反而会造成适得其反的效果，此外，更不能做成学生对老师个人的感恩教育。要结合学生个人及家庭的实际情况，把资助目的与其个人成长相联系，把个人成长与奉献社会相联系，以情动人、以情教人，用真诚和真挚的关怀传递党和国家的温暖。

三、要坚持问题导向，既要总结经验，更要勇于发现工作中的短板和问题，及时改进创新学生资助工作

从目前情况看，学生资助工作从机构设置、业务拓展、制度建设、资助体系到资金来源、项目设置、特色活动、育人效果等方面积累了丰富经验，形成了具有特色的工作路数，取得了可嘉成绩。但是一些高校的资助手段还不够丰富，资金分配有待进一步精准优化，资助规模还需进一步拓宽扩大，要认真研究"奖、助、贷、勤、补、免"各种助学奖励政策，把政策用好用足。资助工作不仅涉及在校学生，而且涉及毕业生的基层就业、征兵入伍等学费补偿代偿问题。高校要想办法拓宽资金来源，比如向国家财政、地方政府争取政策资金支持，争取更多社会资源，在学生遇到困难、大病时及时给予援助，增设校长奖励项目，等等。学校资助管理中心要积极走出去，多向其他高校学习，利用好校友会、基金会等平台，拓宽办学资金来源渠道，增强学校资助帮扶能力，推动高等教育各项事业发展。

按照相关工作要求，今后的资助工作要不断创新工作方式方法，把助学与学生管理结合起来，与开展思想政治工作结合起来，与立德树人、助力成长结合起来，特别要关注资助资金的安全问题，注重提升资源利用效率，把好事做好，把学生资助工作做得鲜活、做出特色、做出情感、做出效果。

四、高站位、高标准做好高校资助育人工作

加强和改进学生资助工作，是办好社会主义大学的重要体现。习总书记在全国高校思政工作会议的讲话中指出，我国有独特的国情，决定了必须走自己的办学道路，要扎实办好有中国特色的社会主义高校。[①] 针对家庭经济困难学生的资助政策是党和国家对青年学生的深切关爱，是党办教育的重要体现。在中共中央、国务院印发的《关于加强和改进新形势下高校思想政治工作的意见》中，强调要在服务引导中加强思想教育，把解决思想问题和解决实际问题结合起来，做到既讲道理又办实事，加强对家庭经济困难学生的资助工作。家庭经济困难学生各项资助是党办教育指导下的具体实事，是政治任务，也是光荣使命。

加强和改进学生资助工作，是推进教育公平正义的主要抓手。教育公平是社会公平的重要内容。高等教育的大门必须向每一位具备资质的青年敞开，保障人人享有接受教育的机会，是政府的责任，是我国教育发展的基本政策，也是当前和今后一个时期我国教育工作的重要任务。建立健全家庭经济困难学生资助政策体系，就是通过加大财政投入，落实各项助学政策，扩大受助学生比例，提高资助水平，从制度上基本解决家庭经济困难学生的就学问题，从而促进教育公平。

---

① 习近平. 把思想政治工作贯穿教育教学全过程　开创我国高等教育事业发展新局面 [EB/OL]. 人民网，2016-12-09.

　　加强和改进学生资助工作，是国家精准扶贫战略的自然延伸。2013年11月，习近平总书记在湖南考察时提出了"精准扶贫"的重要思想。教育是改变贫困命运的关键钥匙，高校在精准扶贫工作中肩负重要责任。贫困家庭学生走进大学、接受高等教育、顺利找到工作岗位，是彻底改变贫困命运的关键一步。困难学生完成学业、顺利就业，是阻断贫困代际传递的最好途径。家庭经济困难毕业生"一人就业、全家脱贫"是开展精准扶贫工作的基本要求，也是高等教育发展协同精准扶贫战略的理想目标。

　　加强和改进学生资助工作，是高校实现育人目标的重要保证。2017年4月，财政部、教育部、中国人民银行、银监会联合印发了《关于进一步落实高等教育学生资助政策的通知》，提出要进一步加强资助育人工作，尤其是在资助工作中要体现人文关怀、要强化资助育人功能，将培养青年学生全面发展作为资助育人工作的目标，加强励志教育、诚信教育和社会责任感教育，培养青年学生自立自强、诚实守信、知恩感恩、勇于担当的良好品质，要帮助家庭经济困难学生正确面对困难，引导他们积极主动地利用国家资助完成学业，增强受助学生就业创业能力，促进受助学生成长成才。

　　自2007年高校学生资助新体系成立以来，我国困难学生帮扶工作取得显著成绩，基本实现"无一人因贫失学"的发展目标。在此基础上，教育部、财政部将2017年确定为"学生资助规范管理年"，拟采取一系列措施，规范管理制度、规范资金管理、规范资助程序、规范信息管理、规范机构队伍建设、规范监管责任，全面提升学生资助规范化管理水平，狠抓学生资助政策落实。

《教育部 2017 年工作要点》第 28 条，明确提出要在 2017 年提高精准资助水平。教育部还通过不同渠道，对"精准资助"提出四个方面的具体要求。一是对象精准。家庭经济困难学生认定应依据其家庭经济状况，不能加入其他非经济因素。二是力度精准。重点关注建档立卡家庭经济困难学生、农村低保家庭学生、农村特困救助供养学生、孤残学生、烈士子女以及家庭遭遇自然灾害或突发事件等特殊情况的学生。三是分配精准。进一步优化资助名额和资金分配机制，高校在分配资助资金和名额时，不能搞简单的划比例、一刀切，要统筹考虑不同专业、年级、学生困难程度等因素。四是发放精准。严格按照规定的时间、标准、方式发放资助资金，特别强调对应当按月发放的资助资金，要确保全年发放金额达到规定的资助标准。

2017 年，教育部发布《关于进一步加强和规范高校家庭经济困难学生认定关注的通知》，明确要求在学生资助工作中，提高政策的透明度，进一步做到四公开：所有资助项目要公开，所有申请条件要公开，所有评审过程要公开，所有资助结果要公开。新的形势启迪新的思考，新的任务要求新的努力。为贯彻落实教育部和学校关于思想政治工作和资助育人方面的精神要求，一些高校近期试行推出一系列资助工作的新思维、新办法，包括面向所有学生的家庭经济调查、对突发临时困难学生的救助办法、改进勤工助学管理条例和助学贷款管理办法，这些动作的背后是对资助工作的新思考、新拓展，归纳起来主要包括三个方面。

第一，创新发现型的主动工作模式。全国高校思想政治工作会议上强调，学校各项工作要为学生学习、成长、成才营造好气候，创造好生态。学生资助工作要主动回应形势变化，不能一味被动响应，只听指令、应付任务，搞一刀切、平衡制。高等学院摸索推行家庭经济调查工作，就是要变被动为主动，从坐在办公室等学生交申请，变成走进学生实际生活中，去发现需要关注的个体和问题。强调要通过家庭经济情况调查，发现资助对象、发现资助内容、发现资助问题。从发现哪些学生需要重点帮扶开始，结合学校现有的资助政策和资助资源，思考适合学生的具体帮扶措施。在帮扶措施落地的过程中，进一步发现困难学生中存在的普遍问题和特殊情况，通过分类帮扶和专项指导，加强资助工作的感恩、自强和励志教育效果。实际工作中不仅要关注学生的实际贫困程度，更要关注其生活行为表现，尤其是要关注学生的经济安全问题，严格禁止学生参与网络贷款，严防电信诈骗在校内发生。

第二，构建发散型的资助分配格局。高等院校招生中增加了面向中西部地区的农村学生贫困专项计划，旨在增加中西部地区学生和农村学生占比，这些学生家庭环境普遍一般，使得资助工作的潜在对象基础规模扩大，再加上一线城市生活与高校毕业生就业压力都在逐年增加，学生在校期间的经济压力、心理压力、成长压力不断增强，对资助资源的需求规模也在增长，单一的、固化的资助模式明显不能适应新的形势需要。因此，提升现有资助资源的使用效率势在必行，而打造发散型资助分配格局是提升效率的重要手段。在项目名额分布时逐渐打破比例制、平均化；资助资金使用上实现一对一、点对点；进一步"去标签化"，实现鼓励自立、倡导自强的育人效果。除了特殊个案的重点关注以外，强化"以奖带助"的发展趋势，让更多的学生普遍受益，增加高校学生在校期间的"获得感"，是今后资助工作的发展方向之一。

第三，实现发展型的资助工作前景。资助工作的发展需要学校各个方面协同努力，实现人才培养的目标更是需要各部门共同作战。发展型资助工作前景应当包含三个方面。首先，资助资源的社会化。资助工作要与学校"三会"建设（理事会、校友会、基金会）同步，要善于借助学校各项事业的发展，通过多种渠道获得更多的社会资助支持，助力学生发展、成长成才。其次，资助内容的发展性。学生资助工作不仅要帮助学生解决实际经济困难，更应注重学生在校期间的个人成长帮扶，尤其是学生的能力培养和素质提升。帮助家庭经济困难的学生开眼界、长见识、增特长，是今后资助育人活动的主要目标。最后，资助工作的关联度。资助工作不能单打独斗，要注重与其他学生管理服务工作的协同，既要借力，又要助力，通过与招生、就业、心理指导等工作密切配合，实现资助工作的最佳育人效果。

总结过去的工作和思考，展望未来的资助工作，做好资助育人主要有以下三个着力点。第一，要有"新"思维。资助工作关涉教育公平，在面对家庭经济困难学生时要有耐心、有方法。新的工作任务要求我们要有新的理念和新的方法，不断创新资助形式、丰富资助内容是资助工作发展的内在要求。资助工作的开展是与国家的发展相一致的，面对日益增长的学生资助水平要有平和心态，用好用对每一个资助项目、帮助每一名困难学生、解决每一件实际问题，就是对资助工作的贡献。第二，要用"心"关爱。习近平总书记说，高校思想政治工作说到底是人的工作，学生资助工作也是一样。① 表面上落实各项资助，发出去的是花花绿绿的钱，而实际上资助工作的本质目的还是在做人的工作，是帮助党和国家关心、关爱学生，是关心每一张活生生、笑盈盈的稚嫩面孔，资助工作是帮助人、关心人，因此在工作中要实实在在地去关心学生、爱护学生。第三，要能"欣"发展。从与学生管理的各项工作对比来看，资助是增项工作，是向学生传递爱心和分享资源，因此在工作中更加值得我们去思考、去探索、去努力。新时代下，高等教育蓬勃发展，资助工作发展前景更要欣欣向荣，既要进一步优化提升现有资助成效，又要联络社会资源扩展资助渠道，做到用好资源、拓展资源，爱护学生、培育学生，实现学校各项事业欣欣向荣的发展愿景。

---

① 习近平. 把思想政治工作贯穿教育教学全过程　开创我国高等教育事业发展新局面 [EB/OL]. 人民网，2016-12-09.

第二节 德育融入资助工作

随着我国高等教育的不断发展，大学教育由精英教育向大众教育逐步转型，在校生中家庭经济情况困难的比例也在不断增加。一部分来自农村、边远山区贫困家庭、城市下岗家庭、单亲、老弱病残家庭的学生在入学后面临巨大的压力。关注他们的生活、学习、心理健康，对他们经济上资助、心理上扶持，培养他们自尊、自立、自强的精神，增强他们的自信心，让他们以积极、健康的心态应对生活、学习中的困难并最终顺利完成学业，是每一个学生工作者义不容辞的责任。因此，高校资助工作不仅仅是为了完成对家庭经济困难学生的经济帮扶，还要在心理、学习等方面积极给予帮助，更要在更广范围、更深层次承担大学德育教育的重要责任。并且，从事资助工作的管理部门往往是高校行政上的学生管理系统，一般都兼具思想政治教育的职能。因此将德育教育和学生资助工作结合起来，可以相互促进，相得益彰。

"大学之道，在于育人"，人才培养是大学教育的根本使命。因此培养德智体美劳全面发展的人才是大学教育的基本要求。同样，作为大学教育组成部分的高校资助工作也不得偏离大学教育的根本目标。国家对贫困生的资助工作向来十分重视，出台了专门资助政策，投入了大量的财政资金，力争解决贫困生的实际困难，真正实现"不使一个大学生因家庭困难失学"的承诺。新的资助政策实施以来，从政策执行力度和实效上来看，确实完成了对贫困生资助的使命。为巩固资助工作的成果，结合大学教育的育人目的，具体解决资助工作中的疑点与难点，还是需要有针对性地对在校大学生开展有特色的德育教育。

大学生的德育教育主要集中在对学生世界观、人生观和价值观的培养和塑造上，具体结合学生资助工作，可以在诚信教育、自强教育、修身教育、感恩教育等几个方面重点着力，培养学生完善人格的同时，推进资助工作的顺利开展。

第一，诚信教育。"信乃立人之本，人无信而不立"，立人是立德的第一步。诚信既是做人的基本准则，也是一个社会运行的基本道德规范。对于大学生来说，弘扬并践行诚实守信这一中华民族的传统美德，是义不容辞的责任和使命。但是随着近几年来市场经济对人们生活方式的冲击，思想观念、价值观念多元化的趋势侵入校园，很多大学生在诚信问题上发生动摇，甚至做出违背诚信的基本要求的失信行为。在资助工作过程当中不乏其事，例如有的学生不适当地出具贫困证明，骗取资助资源；恶意拖欠学费或助学贷款等，由此可见，在大学德育教育中加强诚信教育在今天尤为必要。

第二，自强教育。"天行健，君子以自强不息"，对于家庭经济特别困难的学生来说，国家和学校解决其经济上的困难一般都是无偿资助性质的，应该来说这种救助只能够解决一时之难，要从根本上帮助学生彻底走出困境，更重要的是要培养其自立、自强的精神。在资助工作当中，资助渠道的多元化，使得有一部分同学对无偿资助产生依赖，甚至对无偿性质的资助理直气壮地伸手讨要，但不会主动参加学校组织的、需要付出劳动的勤工助学活动，甚至对一些体力劳动表示不屑，对需要担负责任以后需要偿还的助学贷款更不主动申请。实际上，输血不如造血，只有树立学生自强自立的生活态度和奋斗精神，才能从心理、生活上做到对贫困学生的全面资助，这也更有利于资助工作实效的最大化。

第三，修身教育。"静以修身，俭以养德。"家庭经济困难的学生往往来自西部、农村或小城市的中下层，在接触到大城市的繁华以后，加上自制力稍弱，往往在自我修身方面有所迷失。一部分家庭困难同学存在攀比心理，过于追求高档消费，不计较周围同学的评价，甚至不在乎为达到高档消费而获得金钱的方法手段。在实际资助工作中，往往收到很多投诉，说某某同学一边接受国家的高额资助，一边进行奢侈消费；更有一些家庭困难的学生为维持高额消费的生活水平，参与社会上不正当的商业活动谋取利益。因此，在大学生中，重点加强以勤俭节约、艰苦奋斗为主题的修身教育，从思想源头端正学生的生活态度，严肃生活作风，有利于培养健康向上的校园文化氛围，有利于资助工作的开展。

第四，感恩教育。"知恩图报"是中华民族的传统美德，"滴水之恩，当涌泉相报""投之以桃，报之以李"等古训见证和赞美着一段段知恩图报的佳话。但在实际的资助工作中，一些贫困生过于自我、过于自私，非但不对国家和社会资助感恩图报，还认为这是理所当然，甚至对未能达成的无理要求心生抱怨，进而阻碍资助工作的顺利开展。

从以上出现的问题来看，要想资助工作长效化，确实需要不断加强德育教育，因此在实际操作的过程中，要始终如一地坚持将德育教育贯彻到资助工作的每一项政策落实过程中去，真正做到把国家的资助落实给最需要的人、落实给最应该的人，在学生得到实实在在的经济资助的同时，得到思想、心理方面的教育和受益，加快心理成熟、人格完善、道德升华，达到资助工作更高层次的效用。

一、诚信教育是资助工作开展的基础

（一）诚信教育与贫困生资格认定

在校生的贫困生资格认定是公认的全国性难题，一直困扰着每一个关心此项工作的人和具体执行者。做好诚信教育对贫困生认定具有重要意义。贫困证明不能作为贫困生认定的唯一标准，要先做好大学生的诚信教育，让他们从自己家庭经济情况的实际出发，再和自己本班同学、本系同学做比较和参考，最后做出是否申请贫困生资格的决定，如有发现弄虚作假者一律取消全部资助项目。以中国劳动关系学院的贫困生为例，助学办公室会先向全院学生讲解诚信的价值与意义，让学生深刻体会和认知诚信对一个人的德育修养具有重要内涵，再向学生发放承诺签名信。

（二）诚信教育与助学贷款偿还

每年的学费催缴和助学贷款还款都是各校资助工作最为头疼的事情。学生因为种种因素未能及时向学校缴清学费或未如期向银行缴纳利息，资助中心就会面临多方压力。为此，要在学生离校前，在全院范围内的文明离校教育中，增加诚信教育内容，号召同学们及时结清欠款，遇到临时困难要与家庭、学校、银行保持沟通，维护良好的信誉，为今后的工作、生活做好铺垫。

（三）诚信教育与感恩教育的双向互动

诚信教育是一个长期的系统工程，短时期的教育不能从根本上改变学生的观念，影响他们的行为。因此，要和学生的感恩教育相结合，让学生理解诚信是源自作为社会大家庭一分子的责任感，国家、社会在假定其诚实守信的前提下，给予有偿或无偿资助，作为回报就要对得起这份信任，就要遵守自己做出的每一份承诺。因此，通过诚信教育与感恩教育的双向互动，使学生从内心激发出对诚信的认知和认同，能更好地指导他们在校和离校后的诚信行为。

二、自强教育是资助工作的重要内容

家庭经济困难往往会给学生心理带来很多负面影响，例如自卑、内向，甚至偏激。要鼓励他们树立真正的自强精神，鼓励他们自立、自信，通过自身努力、认真学习和工作，逐渐减少对国家、学校和社会单纯资金资助的依赖。大学生一般都是具有独立行为能力的青少年，通过鼓励他们生活上自立、经济上自强，可让他们在离开家庭、面对群体、走向社会时做好心理和生活经验上的准备。尤其是家庭困难的学生，要鼓励他们走出自卑、自闭的心理阴影，勇敢地用自己的双手解决自己的实际困难，在通过勤工助学活动获取一定报酬解决经济压力的同时，多参与集体活动和校园建设，树立与人交往、社会参与的信心和勇气，形成完善、坚强的人格。

在实际工作当中，通过资助工作培养学生的自立自强精神，还要与校园文化建设结合起来。在资助工作中，要在学生中树立先奖优后助困的总体导向，鼓励学生参与学术科研、集体活动、公益劳动，并对在劳动中表现优秀的学生给予一定的精神表彰和物质鼓励，用积极形象和优秀个人鼓舞学生参与劳动、追求自强自立的热情，并给学生以正面引导，在整个校园内形成积极向上、热爱劳动、追求自强的校园文化氛围。

三、修身教育是资助工作的重要补充

"德之修，无止境"，结合资助工作的实际来说，修身教育主要包含三个方面的内容：俭朴的生活作风教育、上进心的培育、宽阔心胸的培养。

培养贫困生在生活作风上的俭朴习惯，要通过多个渠道、多

种办法共同努力，如和后勤管理合作，在食堂、宿舍、楼道、教学楼等公共场所开展节电、节能、不浪费行动，从一件件的小事抓起，让学生认识到"一粥一饭，当思来之不易；一丝一缕，恒念物力维艰"，让节俭成为一种生活习惯。在此基础上，加强对贫困生养成俭朴习惯的修身教育顺理成章，要告诫他们合理消费、理性生活，不去追求外在的虚华物质生活，如尽量不去烫染头发、使用高档电器、经常出游等，从而避免他人对自身生活消费水准行为的非议。

俭朴习惯的培养还要和上进心的培育结合起来，让学生知道应该如何做、做什么才是对的。很多家庭困难的学生自尊心强，不愿意在人前低人一等，因此才会有与别人攀比的心理。在实际工作中，要对他们加以正确引导，鼓励他们用学习成绩、个人修养、社会贡献来与他人做比较，而非以简单的物质标准来衡量人的高下或生活质量。鼓励他们努力学习，参加更深层次的提高个人修养的教育活动，如开展辩论、征文等活动来引导他们形成上进心，通过内心向善的不断追求，使他们获取心理安慰和心态平衡。

修身教育还要在资助工作的更高层面有所追求。家庭困难的学生往往会自闭、自卑，甚至偏激，对家庭条件稍好的同学要么羡慕、要么嫉妒。他们不光不参加集体活动，甚至还会有组成小团体，以偏狭之心对待集体活动等不良行为。在资助工作当中，既要避免学生的攀比心理，也要注意学生中存在的仇富心态，及时纠偏扶正，教育学生在得到别人帮助的同时，还要有宽阔的胸怀来包容和回馈社会。正确认识自己目前的困境，乐观地对待生活，用一颗宽容的心去包容现存事物，以自己积极的心态、正面的方法去解决困难，更进一步地从自己的体验中去感知别人生活的痛苦，用博爱的胸怀去看待现实，看待他人，增长见识，提高修养，从细微处培养"先天下之忧而忧"的不凡抱负，在日常生活中磨炼"达则兼济天下"的崇高信念。

四、感恩教育是资助工作的应有之义

感恩教育是推进高校德育教育改革的强大动力，是高校贫困生思想教育的重要内容，更是创建和谐校园、构建和谐社会的基本元素。新资助政策实施以来，国家明显加大了对贫困生的资助力度，学生对此也深有体会。但在实际接触当中，鲜有学生对国家和社会抱有强烈的感恩之心，相反，有很多学生把国家资助的政策当作理所应当，颠倒了权利、义务、责任之间的相互关系，因此，感恩教育越来越成为资助工作的应有之义。

在资助工作中加强感恩教育，重在宣传，如实施每年一度的感动人物评选、举办感恩父母（国家）的征文大赛，并对获奖人物和作品通过电台展播、橱窗展示等方式进行宣传，邀请已获得国家资助的学生现身说法。有的学校通过组织学生开主题班（团）会、座谈会，举行专题团日活动、捐赠仪式等形式，点拨、唤起贫困大学生的感恩之心。还有的学校以"感恩父母、感恩国家和回

报社会"为主题引导贫困大学生算清三笔账：父母智力投资账、国家社会教育投资账、教育机会成本账（学生由于学习而失去就业机会所损失的收入）。通过算账，一是将感恩父母的教育扩展提升到感恩国家和社会，使贫困大学生感恩父母，更感激国家和社会；二是将智力投资教育提升到感恩教育的高度来认识，使贫困大学生更加珍惜大学时光，自觉回报家长、社会、国家，这些都是从正面引导学生理解国家资助。做好大学生的感恩教育既有利于促进学生个人的成长和全面发展，更有利于资助工作的顺利开展。

总之，德育教育的成果与资助工作的成效密切相关。德育教育是资助工作的必需，是应有之义。同时，资助工作也是开展德育教育的良好平台，既要帮助学生解决实际困难，更要完善学生的人格，促进学生德智体美劳全面发展。因此，在实际工作中，德育教育和资助工作要两手抓、两手硬，不可偏颇，二者相互促进，互利双赢，共同达成高校育人、培养全面发展人才的最终目标。

第四章

报国有志：高校学生国防教育

高校学生工作中思政引领、管理育人、服务育人是协同一体、有机联系的，搭建高校全方位育人体系需要切实做好各项学生管理工作，尤其是在新形势下，社会对高校思想政治教育和国防军事教育有了更高要求。高校要将军事课程作为培养大学生国防思想的主要途径，努力做好征兵动员相关管理工作，推动高校青年养成热爱祖国、关心国防的优良品格，培养出复合型的高素质人才。

第一节 军事理论课程的整合与改进

军事理论课程是大学生的必修课，与军训、国防文化宣传一起构成高校国防教育的主要内容。目前高校普遍开设军事理论课程，授课的师资力量主要来自军队院校或高校武装部的研究部门。据调查，北京市高校的军事理论课程一般由外部师资承担，这在一定程度上保证了课程教学的专业化程度，但也在管理和教学效果上面临诸多挑战。本文拟从分析军事理论课程教学出现的普遍问题入手，研究军事理论课程与思想政治教育课程的一致性，研究解决问题的办法，提出军事理论课程与思想政治教育课程的整合办法。

一、军事理论课程教学的现状与问题

从 2002 年起，普通高校的军事理论课程纳入必修课计划，列入考查科目。2006 年教育部、原总参谋部、原总政治部联合颁布的《普通高校军事理论课教学大纲》（以下简称《大纲》）再次明确要求，高校要将军事理论课程列入必修课的教学计划，教学时数为 36 学时。本文中的军事理论课程是指《大纲》中要求开设的军事理论教学课程，不含军事技能训练部分。

目前普通高校基本都按照要求普遍开设了军事理论课程。尽管课程的开设计划在各高校得到了执行，但在师资队伍建设、教学教材开发、教学效果保障以及课程评价监管等四个方面有待加强。

第一，师资力量问题。按照教育部、原总参谋部、原总政治部于 2006 年修订颁布的《大纲》要求，学校应在教育行政部门核定的教师总编制内，按照军事课程教学任务配备相应数量的合格军事教师。但在实际教学运行过程中，很少有高校专门设立军事理论教学课程岗位的教师编制。以北京高校为例，大部分军事理论课程的教学队伍以外聘的军队院校教师为主，临时性地指派武装部一线工作人员为辅，单独设立编制的高校不多。这既缘于北京学校能够借用北京军队院校较多的地利之便，也缘于高校教务行政部门缺乏对军事理论课程的长远建设规划。外聘军队院校教师缓解了教师编制的压力，但这一做法不可长期持续。随着国家加强军队对外劳务的规范和严格管理，大批外聘军队院校教师可能要面临多方面的考验。因此，高校构建一支隶属于本校的专职军事理论课程教学队伍势在必行。

第二，教学教材问题。尽管国家对军事理论课程的教学大纲做了数次修订，但始终未能明确统一编印教学使用教材。军事理论课程的教学内容具有时效性。军事理论课程始终与世界政治军事发展形势变化密切相关，时事政策与形势的变化会及时地反映在具体教学内容的设计和选择上，再加上近年来我国军事技术发展速度较快，高科技军事力量日新月异，形成稳定的教学教材具有一定的难度。目前，各高校选用的教材多种多样，学生受众对教材的欢迎程度不一，也有部分教材属于资料堆砌形式的急就章作品，既不能客观反映现实发展状况，也没有吸收较为新颖的研究成果，给学生的学习带来不便，造成不良影响。因此，教学、科研较为成熟的高校或部门要组织力量参与教材的编纂工作，把属于固定的、成熟的知识讲授部分形成教材的主体内容，把适时需要更新的教学内容以活页的形式补充进主体教材，既确保质量，又不浪费资源。

第三，教学效果问题。高校在开设军事理论课程时，公选必修课一般都是使用大班形式组织教学，类似于专题讲座，而不是小班制的研讨性教学模式。填鸭式的教学方式固化了学生学习习惯，调动不了学生积极主动学习的热情，良好的教学内容不能够及时传递给学生，导致教学效果适得其反。另外，军事理论课程的教学内容分条分块，很多临时组成的教学团队里不同教师分别主讲不同内容，这样的做法虽然照顾到了教学内容的专业性，但教学效果上参差不齐，缺乏连贯性，给课程监管带来困难，很难确保教学质量。

第四，课程监管问题。由于教师队伍属于外聘性质，又缺少一致性的统编教材，多采用大班制的授课形式，很多高校没有单独设立专门的军事理论课程教研室，导致在课程监管方面缺少针对性。没有具体监管人员和监管程序，学生评教和专家听课制度难以实施，监管环节容易出现空当，学生的到课率基本全靠自觉或授课教师的个人吸引力，这使课程的监管力度大打折扣。

二、思想政治教育课程与军事理论课程的一致性

开设军事理论课程是开展国防教育的重要内容之一，是对高校学生普及国防知识、进行爱国主义教育的重要手段。从根本上来说，军事理论课程教学是高校思想政治教育的一部分，军事理

论课程设置与思想政治教育课程二者之间具有内在逻辑统一关系。

按照教育部相关文件中关于思想政治教育理论课程设置要求，本文所指思想政治教育课程主要包括"马克思主义哲学基本原理"（以下简称"原理"）、"毛泽东思想、邓小平理论和'三个代表'重要思想概论"（以下简称"概论"）、"思想道德修养和法律基础"（以下简称"基础"）、"中国近代史纲要"（以下简称"纲要"）和以专题形式开展的时事与政策教育讲座等。思想政治教育课程和军事理论课程在教学目标、教学内容、教学方式等方面具有一致性。

第一，教学目标。思想政治教育课程的主要目标是培养大学生高尚的爱国主义情操和集体主义观念，培养大学生的爱国、集体意识。军事理论课程的教学目的之一就是培养和提高学生素质，尤其是增强学生的国防意识，了解世界政治局势和军事力量形势。军事理论课程理应属于政治教育的大范畴，因此在教学目标上，两者具有统一性。

第二，教学内容。军事理论课程的条块分割中，有专门讲授世界局势和国家军事力量发展进程的教学环节，这与思想政治教育课程中的时事与政策教育内容交相重叠。军事理论课程内容上要求讲授我国近代以来国家地位、面临的国际局势的变化和应对方法，这与中国近代史课程教学有一定的交叉。军事理论课程内容中关于毛泽东思想、邓小平理论方面，与两课教育中的主要内容有一定的关联度。课程名称及内容的比较如表4-1所示。

表4-1　课程名称相关内容

课程名称	军事理论课条块内容
《马克思主义哲学基本原理》	指导思想
《毛泽东思想和中国特色社会主义理论概要》	军事思想概述（毛泽东等军事思想）
《思想道德修养和法律基础》	国防法规和公民义务
《中国近代史纲要》	中国国防概述
时事与形势政策教育讲座	国际战略环境

　　第三，教学方式。思想政治教育课程设置为公共必修课，在很多高校中都实行大班制授课，教学过程也大多采用课堂教授的方式开展，军事理论课程教学更是如此。但根据高等教育的形势变化，军事理论课程和思想政治教育课程都在向小班制、研讨制的教学形式转型。教育教学技术发展也给课程教学带来诸多利好，不管是军事理论课程还是思想政治教育的教学方法，都需要充分利用多媒体技术、案例教学等先进的方式开展。从教学方式的现状和发展方向来看，二者具有一定的共通性。

　　课程的性质，决定了军事理论课程与思想政治教育课程在教学目标上具有一致性。从《大纲》中对教学内容的具体规划可以看出，军事理论课程与思想政治教育课程有一定的重叠性。在未来发展方向上，军事理论课程与思想政治教育课程的教学方式逐渐趋于一致。因此，军事理论课程与思想政治教育课程具有相当大的关联性，具有一定的整合基础。

三、军事理论课程与思想政治教育课程的整合

根据军事理论课程目前存在的主要问题，结合军事理论课程与思想政治教育课程的高度关联性，从解决实际问题的角度出发，对二者做出整合性尝试，既是规范课程建设的必要，也是在现有教育环境下，充分利用资源、高效发挥课程功能的必然要求。目前，军事理论课程和思想政治教育课程在管理制度规范、教学队伍建设和课程体系构建等方面进行整合，具有一定的可行性。

第一，教学管理整合。由于高校开设思想政治教育课程的历史较长、课程教学内容涵盖更为广泛，高校在思想政治教育课程建设方面的机构、制度建设较为完善。一般高校都会专门设有负责思想政治课程教学校级协调机构或教研室，对课程开设、实施和监管统一进行管理。军事理论课程设置的历史不长，起步晚、起点低，教学内容相对单一，独立成立校级机构的可能性不大，但军事理论课程的教学、科研工作又不能因此而止步不前。所以，为更好地推动课程的不断完善和快速发展，保障教学科研工作有序进行，军事理论课程建设要依托高校相对比较完善的思想政治教育行政机构，成立附属于思想政治教育课程建设机构下的军事理论课程教研室，借用相对成形的教学管理机构、制度，做好课程教学的保障，推动军事理论课程教学的规范管理和科研发展。

第二，教师队伍整合。高校的师资编制属于紧缺资源，尤其是公共课教师往往身兼数职，同时讲授多门课程。目前的形势下，

培养和建立一支学校自主的军事理论课程教学队伍是必然要求。建设稳定和充足的教学骨干力量，有利于保持教学内容和教学风格的连贯性和一致性，有利于教师个人成长，鼓励他们开展教学研究和教法研究，提升教学能力，回馈教学质量。打造军事理论课程教学队伍，要重在从青年教师队伍中选拔优秀人才，鼓励他们力所能及地参加在岗学习和在职培训，加强教师队伍的开拓性培育，以适应形势发展和知识更新，实现教学内容的新陈代谢和与时俱进，保持军事理论课程的吸引力和趣味性。军事理论课程的教师队伍建设要与思想政治教育队伍密切联系，相互补充，在大学科范围内广泛吸纳人才，形成相互促进、教学相长的师德师风氛围，使教师和学生都能从中受益。

第三，课程体系整合。军事理论课程与思想政治教育课程同属国家明文要求的必开必修课，因此在课时设定和学分分配上，具有整合的必要和可能。目前，军事理论课程教学与思想政治课程教学都安排在新生入学后的头几个学期，在学习时间和学习阶段上高度同步，在课时设定方面要避免冲突，连续讲授同类课程容易导致学生产生疲惫，主观上产生排斥心理。与思想政治教育教学课程相比，军事理论课程的学时较短，教学内容和教学密度相对集中。目前，军事理论课程一般与思想政治教育课程中的《马克思主义哲学基本原理》同步，军事理论课程要抓住时机，在授课伊始要借助《原理》教学中的讲宏观、讲辩证的特点，讲好相关教学内容。军事理论课程在教学中还要注意在本课程结束时，对《概论》《基础》和《纲要》教学的引领，做到相互补充、相互启发。

按照《大纲》要求，军事理论教学的课程和训练总学分为 1 分。而教育部文件中规定，思想政治教育四门课程的学分为 2 分。高校在制订培养方案和教学计划时，要根据文件要求和实际情况，科学、合理地分配学分赋值，避免学生在军事理论课程与思想政治教育课程学习上出现厚此薄彼的情况，引导学生正确认识各门课程设置的必要性，讲明各科授课重点和学习方法，教会学生在学习中融会贯通，最终完整实现教学目标。

第四，教学内容整合。根据《大纲》中对教学内容的规划，军事理论课程和思想政治教育课程在爱国主义教育和时事与形势政策教育方面具有高度重叠性，要在教学内容的设计环节互通有无，相互加强，确保教学内容不相重复、各有侧重、各有特色。军事理论课程的教学内容属于专门学科范畴，但其学术资源来自思想政治教育课程的基础内容，而思想政治教育课程中的时事政策教育内容，要紧密结合军事理论课程中的国际战略环境部分。目前很多高校对时事与形势政策教育的教学重视程度不够，而军事理论课程教学在一定程度上能够予以弥补，因此高校要重视和开发好《大纲》中的国际战略环境教学内容，要充分珍视和高效利用这部分的教学力量和教学资源。有条件的高校要以此为依托，构建时事与形势政策教育课程体系，适时面向全校学生举办知识讲座，让学生能够及时得到政策教育，接受新鲜信息和知识，掌握对世界大势和国际事件的研判方法，增强防腐拒变能力，提高国家安全意识，培养爱国情怀。

四、余论

军事理论课程和思想政治教育课程都是高校政治教育的重要方面，在课程体系和师资力量建设方面能够实现目标一致、资源共享。从总体上来看，思想政治教育课程理应涵盖军事理论课程的大部分内容，二者具有高度的逻辑统一性。从解决目前高校普遍存在的实际问题出发，认真研究军事理论课程和思想政治教育课的共性特征，科学整合课程设置、师资队伍、教学内容，能够推动课程质量的快速提升，增强教学效果，最终实现育人成才的教学目标。

第二节　高校征兵工作的调整与适应

征集高校学生入伍是近年来我国国防征兵政策的重要调整。2009 年 13 万名高校学生应征入伍，较之 2001 年的 2000 名大学生入伍，大学生士兵在兵源中的总占比逐年攀升，并且增长幅度明显，高校学生已经成为我国兵源重要的新增长点。大批高校学生应征入伍既是我国国防建设的需要，也是近几年政策调整的利好结果，可以说，大学生应征入伍既缓解了兵员困境，也提升了我国军队的整体质量。针对国家政策的调整，高校武装部也要相应地做出适应性回应。本文拟从政策调整的出发点、政策变化的主要内容入手，探讨高校武装部的理念适应和实践转向问题，从而指导新形势下的高校武装部工作。因此，本文内容主要有四部分：国家征兵政策的调整概述、高校征兵工作的理念适应、高校征兵工作工作的实践转向和构建征兵工作与国防教育的长效机制。

一、国家征兵政策的调整概述

1999 年以来，随着高等教育的迅速发展，高等院校的扩招力度不断加大，高考升学率已经连续多年维持在 70% 以上。在此之前，我国国防征兵的主要对象是农村或城镇高中毕业生，但随着未升入高校的高中毕业生越来越少，征兵工作形势严峻，面临着兵源减少、质量和层次下降的困局。近年来，国防建设逐渐往高科技方向转型发展，依据长远发展和建设的需要，军队对兵员的自身素质、学习能力要求越来越高，原有的征兵模式已经难以为继。为推动国防和军队现代化建设，国家从 2001 年起调整征兵政策，逐渐改为主要面向大学生征兵。

2008 年以来，我国的征兵政策开启大幅调整步伐。国家征兵政策调整的核心是征兵的兵源向高校大学生倾斜，主要内容有以下几个方面。第一，征兵指导思想调整，大学生入伍由"缓征"向"应征"转变。第二，征兵工作组织主体转换，由地方武装部转为高校武装部。第三，征兵时间由冬季征兵调整为夏季征兵，与高招录取和高校学期制管理同步。第四，征兵体检条件放宽。
针对大学生，年龄、视力、身高以及外在很多条件都大幅放宽，尽
量扩大征兵范围。第五，入伍抚恤待遇及各项优惠政策大幅提高。
以北京地区为例，在校生入伍退役后，抚恤金总额达到15万元，
不仅如此，退役毕业生在就业、创业等方面获得的优惠力度更大。
政策调整的主要内容如表4-2所示。①

表4-2 2008年以来的征兵政策调整主要内容

2008年以来的征兵政策调整主要内容		
分类	项目	具体内容
体检条件	视力要求	最低裸眼视力由4.8放宽至4.5
	年龄	由18~22周岁放宽至18~24周岁
	文身瘢痕等	3cm以下瘢痕、不影响军容即为合格
	体重	标准体重最高可浮动30%
	身高	调整为男兵162cm、女兵158cm以上
优惠政策	学费补偿	新增项目（含贷款代偿）
	奖学金升等	新增（含奖金和荣誉）
	在役优抚金	大幅提升额度
	退役优抚金	大幅提升额度
	升学	符合条件即免试升本、保研
	就业	行政、企事业单位设专门招考通道
	落户	京津沪等大城市落户优惠
征兵时间		冬季征兵调整为夏季征兵

---

① 吴咏梅. 论我国高校军事理论课教学 [J]. 武汉工程大学学报，2009（08）.

　　针对退伍大学生，国家和地方政府部门也出台了优先选拔使用、考研升学、就业安置等一系列的优待政策，同时还能享受学费补偿、优待金、就业补助金等经济补助，如此利好的就业渠道和优惠政策对于大学生应征入伍极具吸引力。

二、高校征兵工作的理念适应

　　国家征兵政策的调整不仅是宣传上的重大利好，更是一项实实在在的工作。高校作为政策调整的具体执行部门，首先应该在理念方面做出适应性变革。高校征兵理念适应是指在国家征兵政策调整的大形势下，高等院校武装部在支持和参与征兵工作的指导思想上如何做出对应调整。高校征兵工作不是上级单位指派给某个部门的单一工作，也不是个别学生的单独需求，是关系到国家发展、国防建设的大事。高校要从国防建设需要、社会发展需要、学生个人需要三个角度理解政策调整，提升认识高度，主动做出理念适应。

　　首先，面向高校征兵是国防现代化建设的必然要求。21世纪以来，国际形势发展变化波谲云诡，国际竞争中的科技竞争日益显著，突出世界各国武装力量的对比和较量主要体现在先进武器的研发和应用上。科技化和信息化战争是未来战争的必然趋势，军队和国防现代化是我国国防建设的战略方向，未来军队里需要更多高素质人才。大学生入伍有利于改善兵员结构，优化士兵整体素质，尤其是实现我国国防力量的质量提升。

其次，面向高校征兵是社会发展和经济建设的需要。2008年世界性金融危机以来，高校毕业生就业形势更加严峻，每年超过700万毕业生面临就业压力。"毕业即失业"成为高校和社会必须直面的难题，大学生就业难不仅是毕业生本人要解决的个人问题，也是涉及千百万个家庭的经济民生问题，更是关乎社会稳定的大问题。适龄毕业生应征入伍是解决就业难问题的途径之一，也是国家和政府推动经济、社会和谐稳定、发展进步的重要手段。

最后，面向高校征兵是学生个人实现理想和价值的途径。每一位适龄公民参与服兵役既是公民的义务，也是报效国家、实现理想的价值体现。大学生参军入伍，到部队接受锻炼、增长才干，是个人成长成才的需要。从现有的征兵工作经验来看，有部队历练的大学毕业生更受用人单位欢迎，这也反映出了部队作为育人的大熔炉，在帮助大学生快速成长成才方面具有一定的优势。

征集大学生应征入伍，对于推进国防和军队现代化建设，促进学生成长成才具有重要的现实意义。征集大学毕业生入伍，是进一步优化兵员结构，提高部队战斗力，加强基层指挥军官队伍建设，增强退役士兵就业能力的重要举措。为此，高校武装部在理念适应方面要加快步伐，适应政策和形势变化，重点在以下三个方面要有所侧重。

第一，高校征兵工作由"听从指挥、被动配合"转变为"自觉宣传、主动参与"。第二，高校要转变对学生入伍态度的研判，鼓励学生在义务服役、报效国家的同时，实现其职业规划和个人发展。第三，高校在管理服务上转变"重入伍、轻复学"的错误倾向，实现对应征学生的入伍、复学、毕业求职的全程关注。

三、高校征兵工作的实践转向

高校征兵工作的实践转向是指在国家征兵政策调整的大形势下，高等院校在选拔应征、入伍管理、退役复学等方面如何给予学生更多政策配套支持。高校大学生征兵工作管理模式创新需要建立在详细实际调研的基础之上，这是一项非常复杂的系统工程，既涉及高等院校国防教育教学工作，同时也需要扎实做好与征兵、国防教育相关的一系列具体实务工作，使征兵和国防教育工作更加科学化、系统化。

首先，要加强学生入伍的学籍管理和服务工作。高校学生入伍涉及的部门多，情况复杂，不仅有学籍、户籍等需要，也有档案、就业派遣等需要。高校要及时回应学生因入伍而出现的新情况、新问题，加强调查和研究，建立相关配套的制度，形成可执行的实施办法。对于新生入学前获准入伍的学生，高校招生和学籍管理部门要做好入学资格保留的相关工作。对于应征入伍的在校学生，高校教务部门要建立学籍保留制度，做好课程延缓、学制变更等工作。对于毕业生入伍，学校就业部门要解决好学生的档案保存、毕业派遣资格接续等问题。学生入伍以后，高校户籍管理部门要分门别类地做好相关后续管理服务。

其次，要加强学生入伍优惠政策待遇的落实工作。国家征兵政策的重要调整之一就是增加了入伍学生的资助项目，提高了资助额度。高校武装部和学生资助管理部门要及时收集和整理入伍学生的个人资料，尤其针对家庭经济困难学生，要配合上级部门做好学费补偿和贷款代偿的申报工作，及时了解和通报入伍学生的优惠政策落实情况，使国家资助政策落到实处，解决他们入伍的后顾之忧。

最后，要加强退伍毕业生的职业规划和指导工作。经过部队锻炼的大学生是国家的重要人才资源，他们不仅为国家的国防建设做出了贡献，也在个人能力方面得到了提升。高校就业部门要加强对入伍学生的职业生涯规划和就业指导，关注他们的思想动态，了解他们的实际困难和需求，帮助他们尽快适应退伍后的学习、生活，强化入伍锻炼的正面效应，促进他们实现顺利择业、理想就业。

从征兵选拔到退伍复学，学校对入伍大学生的管理和教育不仅增加了年限、时长（在原有学制上至少增加两年），而且在具体管理业务上需要更多、更细致耐心的投入。入伍学生的学籍、户籍、档案、组织关系等管理，以及复学后学制对接等问题都要得到妥善处理。高校要认真研究入伍、退役学生的实际案例，落实好国家政策，解决他们的实际问题，并在具体工作中摸索经验，形成制度，为今后的征兵工作提供细则和规范。

四、构建征兵工作与国防教育的长效机制

国家征兵政策调整以来，高校中每年报名当兵的学生直线上升，尤其是高职院校的学生基于免试升本的诱惑，报名数逐年增多。为把好征兵质量关卡，学校武装部和院校都想尽办法实施优中选优的逐层筛选和选拔。尽管在总体上看，大学生征兵入伍对国防建设、学生个人发展存在多方面的益处，但对于高校学生管理工作来讲，也提出了很多问题和挑战。这些问题和挑战的关键在于如何把开展在校生的国防教育与征兵动员恰到好处地结合起来，而不是因担心误导而因噎废食。因此，要把握高校思想政治工作的特点，把教育与动员通过更加鲜活的事例融合起来，而不是两相割裂。通过切实做好高校学生管理和教育工作，形成征兵动员与国防教育的良性互动，构建起征兵工作与国防教育的长效机制。

首先，要组织好新生入学第一课，做好学生军训工作。按照国家相关政策，新生入学后，高校要组织全体新生参加军事训练。军训是最好的宣传国防教育的形式，能够让学生在入学第一时间感受军营文化，军事化的训练能够帮助学生磨炼意志，养成良好作风。认真组织好学生军训工作，能够强化学生对军队的直观认识，宣传国防文化，提升国防意识。通过学生军训，高校可以完成在校生征兵的初步筛选工作，把身体素质、理想志愿都适合入伍的学生选拔出来，予以重点关注，做好征兵工作的大数据储备，

降低学生报名入伍的盲目性，减少后续质量把关的压力，提前完成征兵工作的任务准备。

其次，要结合时事与形势政策教育，开好军事理论课程。目前，军事理论课程是高校必修课程，所有学生都应该在大学第一学期完成军事理论课程教育。结合世界局势和国际时事，讲好军事理论课程，全面、直接地对学生进行国防教育。做好课程教学，挖掘课堂知识讲授深度，能够帮助学生树立正确的国防教育观念，明晰世界军事和我国国防建设现状，能够鼓舞学生的爱国志气。军事理论课程不仅要传授知识，还要结合时事宣讲政策，让学生明白形势、知晓义务，关心国家、关注国防，以不同的形式参与国家的发展建设。

最后，要发挥学生主观能动性，办好军事类兴趣社团活动。每一所高校里都会有不同数量的"军迷"学生，可组织学生参加军事类兴趣社团，让学生主动参与进来。学校要加强指导，把握方向，用好社团活动平台，做好国防教育的宣传工作，请学生适时介入入伍学生的选拔工作，更加能够直接地向学生宣传征兵工作和国防教育，让学生更加深刻地体会国家国防发展进程，强化参与感，达到国防教育的最佳效果。尤其是要吸收退役复学学生参与社团活动，由他们现身说法，言传身教，传播军队优秀文化和优良传统，带动其他学生一起学习部队良好的生活作风，改善宿舍和校园文化风气，形成良好的拥军、爱国氛围。

做好国防教育和军事文化的宣传工作，有利于帮助大学生摒弃参军功利化的动机。由于我国实行的是义务兵役制度，不像美国、韩国等西方国家的全志愿兵制，因此，我们要从长远的角度进行战略思考，加强国防文化建设，在大学生中间以国防文化教育为切入点，鼓励学生了解军队、了解国防，把拥军、爱国的意识内化于心，外化于行，把个人职业发展规划与获得参军入伍的机会结合起来，实现国家发展和个人价值的双赢。

就现阶段实际情况来看，高校征兵是实现国防建设跨越发展的重要抓手，是实现未来军队建设高科技信息化的重要环节。征兵工作是一个系统工程，既要认清当前征兵工作面临的客观形势，着手解决当前面临的现实问题，又要深入研究学生管理工作中的一个特殊群体产生的问题，形成比较可行的操作方案，解决好学生入伍相关的问题，最终在做好武装部工作的同时，对全校学生的思想政治教育工作、就业指导工作等提供有益的借鉴，构建征兵工作和国防教育的长效机制。

第五章

决胜职场：高校学生就业指导

高校"全方位育人"工作是一种空间维度上的横向延展，但同时不能忽视学生在时间维度上的成长发展。全方位视角下的高校学生管理工作需要将学生从升学入校到毕业离校的全过程联系起来，不仅要重视各项日常生活管理，更要在最后的就业环节积极调动除学校外的社会、企事业单位、民间团体、家庭等非校方教育要素，发挥学校思想政治教育的导向功能，整合校外资源，形成教育合力。

第一节　就业指导课程建设

2006 年教育部颁布文件要求高校普遍开设就业指导课以来，关于就业指导课程的理论研究与实践探讨风生水起。我们在数所高校组织开展了相关调研，详细了解了普通高校毕业生就业、在校生就业教育的基本情况。本文就高校就业指导课程建设中出现的普遍问题，依据国家政策和形势变化，对就业指导课程建设方面提出一些具体意见。

一、高校就业指导普遍存在的几个误区

2014 年年初，我们围绕就业指导课程建设情况，开始对北京的几所高校发放调查问卷，旨在了解高校毕业生最真实的就业状况和就业指导需求，尤其是关注高校就业指导部门工作的开展及实效。从调研结果来看，在开设就业指导课程的理念方面普遍存在以下几个误区。

误区 1：高校就业指导课程的就业导向与学术育人导向冲突，没有必要开设。在调查和访谈中我们发现，有部分领导或老师认为，高校旨在培养学术和技能人才，不能把人才培养的目标降为迎合市场需求，专业课程建设绝不能以就业为第一导向，在这个意义上来说开设就业课程完全没有必要。实际上，这种观念具有片面性，培养对社会有用的人才是高等教育的普遍目标，而就业能力的培养与专业素质提高并没有根本分歧。良好的专业素养是提升就业能力的基础，而提高就业能力是为发挥专业素养的应用价值找寻平台。

误区 2：高校就业指导课程缺乏理论体系，无法独立成为专门课程。我们在调研中发现，有老师普遍认为，就业指导课程没有

独立的学术内核和规范体系，教材内容也大都只是政策解读和信息传达，完全无法撑起专门课程所需要的理论体系。这个误区是看到了目前就业指导课程现存的主要缺陷，但没有看到就业课程建设的广阔前景和发展方向。任何新生事物都是一个艰难的从无到有的过程。今后就业指导课程建设就是要在理论研究方面多下功夫，深入挖掘可资借鉴的理论成果，尽快形成就业指导理论体系，不断完善教学内容建设。

误区3：高校授课教师缺乏创业实战经验，无法完成创业教育任务。创业教育是就业指导课程的重要组成部分，承担高校教课任务的老师很少能够有足够丰富的创业经历和经验，由他们来给学生开展创业指导无疑是难以奏效的。但并不是只有成功的商人才能担任经济学教师，也并不是只有成功的政治家才能担任政治学教师。其实，创业活动的内在规律和价值能够被客观认识、科学研究。因此，只要开展对创业活动的专门研究，形成科学的理论成果，高校教师是能够很好地完成创业指导教育任务的。

误区4：高校就业工作重在行政，没必要专门建设师资队伍。高校毕业生就业工作一般归属高校内专设的行政部门，授课一并由负责就业工作的老师完成，这是就业指导课程普遍存在的现状。高校毕业生面临的选择多元化和个性化，只是由行政方面的老师讲解就业流程、户口档案等这些固定内容已经无法满足学生实际需求。因此，根据学生专业、就业形式等不同状况，建立一支熟悉学科专业、了解就业市场、懂政策会管理的师资队伍非常必要。

二、高校就业指导课程体系建设的相关原则

高校就业指导课程在设置上具有公共课的特点，与"两课"教育和形势教育课程有相似性，但也有独特性。在课程建设中除坚持高等教育课程建设的普遍性原则之外，还要坚持课程的特殊性原则，即课程建设过程中应坚持市场导向、专业导向、能力导向三项基本原则。

（一）市场导向原则

高校学生走向社会前面临的最大压力就是"就业难"，在很长一段时间内，求职市场的结构性矛盾都将长期存在。如何发挥市场导向作用，让毕业生的求职取向与市场需求紧密结合，是提高学生求职成功率的主要方法。因此，在构建就业指导课程体系时，一定要牢牢把握就业市场的形势变化规律和趋势，有针对性地安排课程设置和教学内容。

（二）专业导向原则

我国高校专业设置以及招生专业规模是与社会发展需求相适应的，学生就业的选择大多是与所学专业相关，这即是高等教育专业和学科设置的目的。因此，就业指导课程体系建设要能够紧密结合专业导向，指导学生加速专业知识的应用转化，在指导学生求职就业时，分门别类地对学生开展教育，既能够让学生在择业时有的放矢，也能让学生更好地在专业领域尽快适应，找到

方向。

（三）能力导向原则

就业指导课程的核心就是培养学生的就业观念，提升学生的求职就业能力，因此在就业指导课程的教学内容安排、教学方法选择上，要始终牢记提升学生能力的总目标。在实际教学中，除了正式的课堂讲授外，还必须与开展个别指导、典型剖析（示范）、心理咨询等活动结合起来，多渠道、多形式地教育和培养学生实际操作能力。

三、高校就业指导内容建设的建议

目前高校仍普遍存在对就业指导课程不够重视、课程教材编选混乱、师资水平有限等问题，而针对课程建设的核心——课程内容体系问题探讨不多，笔者认为课程内容体系应从以下几个重点方面着力。

（一）开展就业指导教育理论研讨

在目前的就业指导课程理论探讨中有两个偏向：一是职业发展理论代替就业理论；二是政策叙述代替就业理论。这样做的结果使得就业指导课充斥着枯燥和应付的教学内容设计，无法激发学生内在的学习动力，课堂效果受损，学生对上就业课的退缩、排斥，造成适得其反的开课效果。高等院校课程并非一般的技术岗位培训，担负着理论研究的深度挖掘和前瞻引导职责。因此，在就业指导课程体系建设中，必须具有顶层设计式的理论化成果作为指导，只有这样才能提升就业指导的价值，丰富就业指导课程的内涵，实现设置就业指导课程的目标追求。

（二）及时吸纳相近学科研究成果

就业指导课程与劳动经济学、人力资源管理学、职业发展心理学、人生哲学等有着千丝万缕的联系，目前就业指导课程的体系中，对相近或相关学科的研究成果吸纳不足，导致就业指导课程体系的内容设计肤浅、单薄，缺乏深度和吸引力。因此，在课程建设中要吸纳相近学科的研究成果，才能增加就业指导课程内容的附加值，形成就业指导课程的独特价值和吸引力。

（三）规范就业实践教学设置论证

就业指导课程具有很强的实践性，因此在实践教学内容设置方面有着特殊需求。首先，目前现有的就业指导课程中，不管是在创业案例还是在求职案例的选择上，往往只注重典型案例、成功案例，对普遍性的案例关注不多，这往往会对受众产生一定程度的误导。其次，实操教学的设置内容单一，简历制作、模拟面试等这些常规的实操教学，既没有统一的评判标准，也不能适应快速发展的社会变化。因此，在就业指导课程体系建设中，应该进一步加强对实践教学合理性设置的研究和论证，形成实践教学的成熟意见，更好地完成教学内容设置。

（四）加强创业教育指导研究

创业作为就业的最好形式，就业课程体系的建设离不开对创业行为的深入研究。高校不仅要实际参与到学生创业实践项目的具体指导中，更要利用有利的形势，开展对创业行为、创业教育的理论研究，更加高效、更加科学地帮助学生创业。

四、就业指导课程的全程建设

作为一门新兴的正式课程，高校就业指导课程建设要完善的地方还是比较多的。要在加强师资队伍建设、完善监控环节以及形成效果反馈三方面下功夫，最大限度地保障教育教学顺利实施。

（一）师资队伍建设优质化

1999 年以来，我国逐渐推行职业指导师职业资格认证工作，但目前各高校从事就业指导工作的人员中具有职业指导师资格的比例还很低，高校从事就业指导课的老师从数量和质量上远未达到相关要求。由于目前就业课程的教师主体多为学生管理人员，日常工作已经非常忙碌和琐碎，对就业课的重视程度不够，更难以谈得上开展专门的科学研究，钻研教学理论问题。因此打造一支优质的就业指导课程教师队伍对每个高校来说都是迫在眉睫的事情。

（二）完善质量监控全程化

高校就业指导课程作为一门正式课程，必须建立和完善教学质量监控和保障体系，严格执行教学计划的内容、进度和要求。为此，在就业课程的管理方面一是必须建立严格的教学检查制度，建立健全相关的管理运行机制，实施严格、规范化的管理，定期检查教学秩序和教学效果；二是对学生进行必要的考试，提高教学质量；三是建立健全评估考核机制，对教师的教学工作进行评估考核。

（三）教学效果反馈体系化

如何评价就业指导课程的教学效果，当然不能用学生是否成功求职就业为标杆，更不能用就业率来衡量。在很多开设就业指导课程的高校，普遍反映无法准确衡量教学效果，缺乏学生反馈，更无法直接通过用人单位的评价来测算就业指导课程的真实价值。因此，如何在合理的前提下，做好教学效果评价与监督，是就业指导课程健康发展的重要保证。教学效果评价要始终贯彻就业指导课程内容建设，形成严格有序的前期导入和后期反馈的完整体系。

五、余论

就业指导课程应时而生，既是新生事物，也将会长久地存在。就业指导课程建设，不论从大学生现有的就业观还是影响就业的外在诸种因素看，不论从大学生自身的需求还是从国家的定位看，都足以证明其必须朝规范化、系统化、专业化方向发展，必须成为一门新兴的学科体系。因此，就业指导课程建设过程中必须坚持市场导向、能力导向、专业导向，在内容建设方面要始终注重开展就业理论的研讨，及时吸纳相近学科的成果，以及加强创业教育的研究。构建完备的就业指导课程体系还要在师资建设、质量控制、效果反馈等方面下功夫，推动高校育人、学生就业两方面形成合力，最终为毕业生的个人发展以及整体的社会进步提供支持。

第二节　就业困难精准帮扶

改革开放以来，中国经济建设取得辉煌成就，人民生活水平显著提高，经济的繁荣发展帮助近 6 亿人摆脱了贫困，我国扶贫工作取得的成就举世瞩目，但在实际中仍存在对贫困总量摸底不清、判定标准不明、措施针对性不强、资金投入使用不准等问题。2013 年 11 月，习近平总书记在湖南考察时提出了"精准扶贫"的重要思想。2015 年 6 月，习总书记在贵州调研时强调，要在"十三五"规划中对扶贫工作开展科学谋划，确保贫困人口到 2020 年如期脱贫，并进一步提出"贵在精准，重在精准，成败之举在于精准"的工作思路①，由此"精准扶贫"迅速成为社会热词。

教育是改变贫困命运的关键钥匙，高校在精准扶贫工作中肩负重要责任。2007 年高校学生资助新体系建成以来，基本实现了

---

① 王子晖. 脱贫之战，习近平发出总攻令 [EB/OL]. 新华网，2016-07-25.

高校学生无一因贫困失学的资助工作目标，数以万计的贫困家庭学生在校期间得到国家资助，顺利完成学业。然而，贫困家庭学生完成高等教育仅仅是刚走完挑战的第一步，他们能否顺利找到工作岗位，关系到整个家庭命运的走向。可以说，家庭经济困难学生顺利就业，是阻断贫困代际传递的最好途径，高校毕业生"一人就业、全家脱贫"是开展精准扶贫工作的基本要求，也是高等教育发展的理想目标。

一、促进毕业生就业是精准扶贫的必然要求

现代社会中，高等院校是知识、信息相对比较集中的场所，往往能得风气之先，在一定程度上引领或影响着社会发展走向，可以说，高校是社会中坚力量的一部分，自然肩负有改造和建设社会的重要责任。国家提出精准扶贫计划，是面向社会中弱势群体的资助和扶持政策，高校应当在承担社会责任和提升民众福利方面走在前列，主动出击，积极参与，为国家实现 2020 年如期脱贫贡献力量。

高校担负着培育经济和社会发展所需人才的重任，是知识培育和人才培养的前沿阵地。在基础教育群体中选拔优秀人才予以深造培养，反馈经济和社会发展需求，是现代教育的价值体现和目标追求。高校培养出的人才符合经济社会发展的需要，高校毕业生顺利就业是实现人才价值的具体体现。因此高校指导学生完成就业，尤其是帮助困难毕业生就业，是高等教育自身的必然义

务。2007 年国务院发布的《关于切实做好 2007 年普通高校毕业生就业工作的通知》中明确指出，高校要针对困难家庭毕业生的特点和需求开展就业指导，提供"一对一"的就业服务和重点推荐，并尽量给予适当求职经济补贴。自此文件以后，教育部每年发布的促进高校毕业生就业的相关文件中，都会专门提到对困难毕业生这一特殊群体的就业援助工作，要求高校要摸清底数，建立机制，有针对性地做好就业帮扶。

就业是民生工程，是建设和谐社会的有效手段。高校参与精准扶贫是推进社会公平的重要体现。"就业难"成为社会问题，毕业即失业加剧了家庭经济困难学生脱贫难度。因病致贫、因学致贫的案例在社会新闻中屡见不鲜，解决困难毕业生的就业问题是推进教育公平的重要手段。毕业生学有所成、学有所用，顺利就业、实现价值是教育公平在社会选择和个人努力之间的动态实现。与一般毕业生相比，贫困毕业生就业问题的解决，对其个人和家庭的意义更为重大。做好困难毕业生就业的帮扶工作，对促进学校长远发展，提高办学质量和信誉度具有重要意义；低收入群体、弱势群体家庭的毕业生通过走向工作岗位融入社会，对经济发展和社会稳定都具有不可估量的价值。

二、高校毕业生就业困难的成因分析

1998 年高考扩招以来，我国高等教育的数量和规模取得长足进步，高等教育发展进入大众化阶段。高等教育的大众化趋势，扩大和深化了教育与社会发展之间的密切联系，知识、劳动、资本之间的互动更加深入和频繁。高等教育为经济社会发展提供巨大的智力支持，经济社会发展的问题也不断反馈到高等教育发展进程之中。社会发展的贫富差距拉大、社会底层的受剥夺感上升，固有利益格局不断窄化阶层上升通道等，这些社会问题在高校中也都有所反映，其中一个重要的现象就是毕业生的"就业难"问题。

自 2007 年以来，连续多届毕业生都自称面临着"史上最难就业季"。尤其是对于贫困毕业生来说，高企的求职成本和城市生活成本，就业的强烈愿望和巨大压力同时飙升。毕业即失业的返贫现象更是加剧了他们对前景暗淡的判断，这些问题消解和侵蚀着高等教育成果，威胁社会的稳定、和谐与发展。

随着高校大学生数量越来越多，高校大学生尤其是贫困大学生的就业问题也成为高校工作的一项重要内容。日益严峻的大学生就业形势扩大了大学生就业困难群体的规模，延长了就业等待的时长，给高校就业帮扶工作提出了新的问题。总体来说，高校毕业生就业成为难题，主要有两个方面的表现，即"就业难"的普遍性和"难就业"的特殊性。

根据许多学者的观察和研究，劳动力供给与需求的结构性矛盾是造成高校毕业生就业难的主要原因。尽管高校的招生计划和培养目标会随着社会发展的不同需要不断做出调整，但人才的培养是一个长周期过程，对市场需要的发展变化能够明确感知，但无法短期内实现同步跟进。自 2008 年金融危机爆发以来，全球经济形势疲软，中国经济增长速度放缓，尤其是当中国经济进入转型期、阵痛期、消化期三期叠加的"新常态"时，在企业和社会能够提供的就业岗位增量不足，社会需求总量和招聘岗位增长缓慢，农民工市民化进程加快、去产能去库存政策的影响下，农村转移劳动力、产业内再就业劳动力，与大学毕业生一起涌入劳动力市场，可以说高校毕业生就业难问题在短期内非但不能缓解，还可能有加重趋势。受全球经济低迷、国内经济增速放缓等因素的综合影响，企业开展校园招聘活动的频次和规模增速减缓；受行业发展和政策调整影响，部分基建和能源产业的大型央企和规模型企业招聘需求明显下降，招聘门槛不断提升，企业对人才招聘的质量把控越发严格。客观环境加剧了高校毕业生就业的内部竞争，市场和企业对待就业毕业生也提出了越来越高的应聘要求，在一定程度上不断扩大着"难就业"毕业生群体规模。

关于大学生就业困难群体，不同的学者在研究中有不同的定义。谢可滔（2001）认为，大学生就业困难群体是指大学毕业后，持有国家颁发的大专以上的大学毕业证书，主观上渴望谋求一份职业却未能就业、未能成为职业者的群体。吴同等（2006）认为，大学生就业困难群体主要指两类大学生，一是指在严峻就业形势的压力下，被迫降低期望，委曲求全地进入中低等学历就可从事的岗位；二是指不愿降低标准而难以实现就业的大学生。马美（2009）则认为，大学生就业困难群体是指大学本科毕业后在求职过程中，体能、智能、处境等方面处于相对劣势状态，失业或待业半年以上，有就业愿望且依靠自身力量无法实现就业或充分就业的大学生群体。毕业生的社会资本、知识资本、能力资本决定着个人求职就业的难易程度。已经有众多学者的研究表明，毕业生的家庭状况、社会关系对个人就业产生着重要影响，不仅影响毕业生的择业观念、就业去向，甚至对就业成功与否起到决定作用。陈琢（2014）认为，家庭经济贫困的制约导致贫困生在求职过程中的经济承受力不足。杨要杰（2013）认为，家庭贫困会让学生无法找到好工作。马美（2009）认为，家庭背景的好坏和社会关系圈的大小，已经成为影响众多大学生求职的重要因素。一般说来，经济困难的家庭其社会关系范围往往狭小，这一类大学毕业生群体在求职中易处于不利地位，这不但阻碍了公平就业的实现，更造成了就业市场的紊乱。

除此以外，一部分高校毕业生"难就业"还存在自身方面的各种原因。杨要杰（2013）从大学生自身的五个角度进行了研究。形象原因，指那些因为身体上存在缺陷或者残疾，或者因相貌受到歧视而造成就业困难的学生群体；专业原因，指所学习的专业过于冷门，就业面狭小，而找不到工作的学生；能力原因，就是指那些因个人文化素养和知识技能与岗位要求相差太远而无法实现就业的学生；心理原因，有些学生的心理素质不过硬，在面对问题时心理防线太低而得不到企业录用；观念原因，有些学生的求职观念和社会要求不适应，从而成为就业困难的群体。黄一岗

（2015）认为，用人单位最看重的实践性的就业能力，正是大学生就业困难群体最欠缺的能力，这是导致大学生就业困难群体形成的关键因素。马美（2009）认为，大学生就业困难群体生理性困难和心理性困难是重要原因。就业生理性困难群体，主要指因为性别、身体健康状况或体貌条件明显欠佳等因素而造成就业困难的群体；就业心理性困难群体，主要指因为心理素质较差和择业观念不适应社会要求、个人能力明显低于职业要求等因素导致就业困难的群体。

三、就业困难毕业生的精准帮扶工作机制

学生就业问题不仅是学生本人及其家庭的头等大事，也是高校、政府、社会共同关注的大事，毕业生就业质量已经成为检验高校办学成果的标准之一。日益严峻的就业形势下，在帮助学生缓解就业压力、帮助困难就业学生解决实际问题方面，高校应当有所作为。

首先，迎难而上，从源头上帮助学生缓解就业难的压力。

解决就业难问题，责任不全在高校，但第一道防线是在高校，因此，社会对高校发挥作用期待更多。第一，在推进学生就业工作上，高校要与时俱进、自我求变，做到"三改"：改观念、改专业、改课程。改观念是指高校要认清形势，承担责任，分担风险，勇于直面"就业难"的社会问题，执行好就业工作一把手工程，学校上下全员动员，全程参与学生就业工作。改专业是指高校深

入研究和探讨社会需要，在人才培养和招生计划上做出调整，要根据时代特点和社会需要，面向市场更新专业设置。改课程是指高校应在教学方面多开设应用型课程，改革不适应社会需求的旧专业课程；还要开好就业指导课程，通过课堂教育形式指导学生就业，帮助学生树立正确的择业观，让毕业生合理、科学择业，少走弯路。改课程还涉及在专业课程教学中，加入与社会需求接轨的内容，在心理教育课程中补充就业求职心理辅导和教育指导。第二，高校在促进学生就业时要实现改革求存、主动出击。一是加强与企业、用工部门联系，争取社会资源。二是响应国家政策，鼓励学生创业创新。第三，要加大投入，做好就业服务工作，如建立校友会，开辟学生就业创业途径；配合国家就业方面的行政部门，准确上报待就业人员数据等。

其次，精准发力，有针对性地解决就业困难学生的实际问题。

精准认定。确定好帮扶对象是做好精准帮扶的第一步。学校要根据学生群体特点，准确确定困难就业群体，摸清就业困难学生数目，具体分析每一位学生的就业困难原因，建立就业困难学生数据库，掌握数据、明晰原因、分别指导、一对一帮扶。在就业困难学生认定工作中，高校要改变传统的贫困生认定模式，不是等待学生上门求助，而是借助大数据的力量，使用锁定关键词法，在全体未就业的毕业生中扫描，对贫困地区家庭的毕业生、零就业家庭毕业生、心理测评重点关注毕业生、专业—性别不匹配毕业生等予以专门检索，提醒二级学院负责老师对这部分学生进行多重跟踪关注、特别辅导。

精准指导。确定就业困难的具体学生以后，就要有针对性地对其开展指导。从高校毕业生中出现就业困难的原因分析中，我们可以看出，学生就业指导工作主要集中在三个方面：就业观念矫正、求职心理辅导、岗位能力提升。一部分就业困难学生的就业观念存在偏差，对就业地域、行业、待遇等抱有不切实际的要求或期待，或者对专业领域内的就业状况不了解、不熟悉，消极等待、坐视观望、推卸个人求职责任，等等。学校就业指导部门要早动员、勤动员，鼓励学生自助就业、主动就业。学生的求职心理容易有消极懈怠和急于求成两个极端，不把就业求职当回事，或者面对招聘和面试过度紧张，以至于形成心理自卑，出现应试障碍等问题，对这部分就业困难学生应及时给予心理疏导，引领他们正确地看待就业，让他们以积极的心态和健康的心理状态迎接挑战。一部分就业困难学生的求职、应聘能力不足，可能是由于他们平时与同学交往较少，社团活动中锻炼不够，语言表达能力、组织协调能力略显欠缺，学校要组织他们参与拓展训练，提升其就业能力，弥补个人不足，做好以就业为目标的教育指导。

精准帮扶。造成高校毕业生就业困难的客观原因主要是学生个人及其家庭的经济状况，国家对残疾毕业生、大病毕业生应当有专门的资助政策和主管部门，学校要联系好相关单位，落实好具体帮扶措施，在执行政策时应不遗余力、不打折扣，做好特殊群体中的特殊个人的就业工作。在家庭经济困难毕业生中做好精准帮扶工作，主要从以下三个方面入手：发放经济补贴、招聘信息公开、就业资源共享。学校要根据经济形势和就业情况，以多种形式对家庭经济困难学生专门发放求职补贴，为毕业生购置求职服装、发放电话网络通信费、报销远程求职差旅费、发放面向西部基层就业的求职奖励，帮助贫困生解决求职经费问题。一部分来自农村、山区的学生的社会资本、就业资源与其他同学相比较少，他们获取招聘信息的渠道不多，学校要向他们提供与之更加匹配的就业信息，在公共区域做好求职信息的张贴、宣传，鼓励学生在公开的招聘平台上自由竞争，实现公平就业。学校在建立实训基地、组织学生实习时，要对家庭经济困难学生重点关注，鼓励他们抓住机会，锻炼能力，严禁把实习信息、就业平台当作个人资源、私相授受。学校要开发专业领域内的就业渠道，挖掘校友会资源，实现传帮带接力，重点帮扶家庭经济困难学生解决就业问题。

最后，协同作战，提升困难毕业生就业帮扶工作质量。

2014 年李克强总理首次提出"大众创业、万众创新"的理念，此后他在多所高校考察时都关注到毕业生创业的情况，教育部也相继出台了多部文件，支持高校学生创业。新形势下，高校要不断提升学生就业质量，而创业作为一种最好的就业形式，高校应该给予创业学生更多的关注和支持。学生参与创新创业，尤其是困难毕业生创业，需要高校在政策、资金、资源方面给予大力支持。因此高校要建立创业扶持基金，资助学生创业行动，帮助学生实现创业理想。

学生就业工作不是学校哪一个部门、哪一位老师的个人事务性工作，需要学校多个部门共同努力，其中，教务部门要关注各专业学生就业情况，了解当前就业形势，科学合理地做好专业设置和教学改革，组织开好就业指导课程。财务部门要为学生就业工作和就业资助工作提供资金支持，确保资金管理安全、使用合理、拨付到位。网络技术部门要为就业管理和服务提供技术支持，维护工作网络平台，确保招聘信息、求职信息、政策信息等能够及时传递。学生管理和就业指导部门责任重大，要冲在就业工作和学生帮扶一线，协调好各方力量，共同参与，加强研究，提升工作效率和质量，确保学生能够顺利就业。只有全校各部门协同作战，共同努力，才能在整体上提升就业工作质量。

第六章

创造梦想：高校学生创新创业

基于教育育人全面发展理论的指引，高校要准确把握新时代的历史方位，深刻领会高等教育新阶段的新特征、新使命、新任务，坚持实事求是、尊重规律的工作方法，扎实稳妥推进人才培养工作，促进学生全面协调可持续性发展，提升综合素质及创新实践能力，引导新时代青年大学生全方位及多角度进步发展。

第一节　文科专业与创业教育

在高校毕业生就业形势日益严峻的形势下，鼓励大学生创业已成为高校解决毕业生就业压力的主要途径，甚至有很多人认为"创业就是最好的就业"。因此创业教育对于高校的就业指导课程建设来说，所担负的责任和被赋予的意义也逐渐增大。

创业教育，是在经济全球化、国际人才竞争加剧的形势下提出来的。英文为 enterprise education。究其含义，可理解为进行各项事业策划、开办、拓展的教育；探索、冒险、创造精神与技能的教育等。1991 年，联合国教科文组织亚太地区办事处的东京会议报告中指出：创业教育，从广义上来说是培养具有开创性的个人，这种人应具有首创冒险精神、创业能力、独立工作能力以及技术、社交和管理技能。

创新是创业的基础。适应知识经济时代发展的创新教育，就是要从人才培养和毕业生就业的外延和内涵上创新教育思想和观念。开展创业教育既是知识经济对高校提出的要求，更是新形势下解决大学生就业困难的理想途径。

一、创业教育的研究现状

针对高校毕业生的创业教育与指导这一课题的研究，已有很多成果。如张洁的《创业教育与大学生就业的关系》（《财经科学》，2004 年增刊）、廖芸的《高校创业教育的实践与探索》（《当代教育论坛》，2007 年第 9 期）、张秋杭的《转变就业观念 增强自主创新能力——新形势下对高校创业教育的思考》（《黑龙江教育》，2008 年第 7、8 期），徐滨、罗向阳的《大学创业教育新论》（《教育评论》，2009 年第 1 期）等论文从理论与实践两方面对创业教育课题进行了有益的探索。上述成果都是总体的概括，没有能够针对性地、有区别地对不同类别的毕业生，因材施教地展开探讨。陈林杰的《高职大学生创业教育路径研究》（《南京工业职业技术学院学报》，2008 年）、刘玉娟的《试论高职院校的创业教育课程》（《教育探究》，2008 年 9 月）、蒋剑平的《试论艺术设计专业从传统教育模式向工作室制创业教育模式转型》（《邵阳学院学报》）、徐德华和郭宏群的《论构建与实施高校科技创业教育模式》（《高等农业教育》，2007 年 5 月）、陆红云的《机电专业创业教育课程模式研究》（《职业教育研究》，2009 年 2 月）等文章，在具体专业、不同培养层次等方面的区别有所侧重，对分门别类的专业毕业生做了相应分析。

众所周知，创业是一项非常具有难度和挑战的就业形式，尤其是对高校文科专业的毕业生来说，刚刚走出大学校门，既不具有创业的资本积累，也不具有能以科技、技能入股参与实现创业的优势。因此，从表面上看，高校文科专业的毕业生参与创业往往具有先天劣势，很多毕业生甚至包括一些就业指导老师也对他们的创业前景缺乏信心。

国内存在很多文科类专业占优势的高校，这些高校在对毕业生做创业指导时应该充分考虑专业特点，才能对毕业生的创业行为做出针对性的指导。在实际的就业指导和创业教育过程中，缺乏适合文科专业设置特点的创业教育课题研究。曹鹏、杜海东的《基于营销学视角下的创业教育体系建设研究》（《创业经济》，2009 年 2 月）一文仅从营销角度谈经济管理类专业的创业指导，远远满足不了高校更为普遍的专业设置和学科特色。因此，根据专业特点的文科类专业毕业生创业教育研究亟待加强。事实上，从学科专业分类、社会职业分工、市场环节分解等角度来看，文科类专业毕业生同样有很多的创业机会。

二、针对文科专业学生开展个性化创业指导

随着市场经济制度的不断完善，知识经济时代的到来已势不可挡，在研究中我们发现，如何将所学知识转化为生产力，直接参与市场运行的各个环节，是解决创业难题的应有之义。在文科类专业中加强开展创业教育，说到底，也同样是要为毕业生指明创业之道，拨开创业道路上的迷雾，建立文科类专业毕业生的创业信心，为他们从构建创业梦想到实现创业价值提供指导和服务。

第一，把握创新环节，构建创业梦想。按照经典的马克思主义经济学理论，现代社会的商品流通有四个环节，即生产、分配、交换和消费。其中，结合高校专业设置的总体情况看，理工科专业学生所学的知识更加接近生产和分配环节，他们完全可以依赖技术创新参与社会商品的生产源头，依靠技术方面的自我创新实现创业梦想。相对而言，文科专业的学生在技术这一方面存在一定的劣势。因此，从市场环节的分解角度看，在生产和分配环节开展创业活动，对于文科专业的毕业生来说，存在的挑战难度较大，但在交换和消费环节开展创业的机遇良多。交换和消费是商品流通中最重要的增值环节，是商品的社会价值发生重大变化的时机，其潜藏的商业机遇和前景不低于商品的生产和分配环节。

因此把专业学科内的知识背景作为基础，就业指导老师要指导学生营造创新创业的灵感，燃爆机遇，帮助他们分析创业的实现环境，协助他们构建合理可行的创业梦想。

第二，找准创业行业，寻找创业机会。改革开放以来，我国的市场经济建设取得飞跃发展，社会经济的三大产业结构不断优化、趋于合理。结合高校专业设置来看，农林理工专业学生更容易在第一产业和第二产业获得就业和创业机会，他们所学的专业知识在这两个领域也能直接实现价值。相对而言，文科专业学生在第一、第二产业很难获得核心位置，很难发挥技术优势，尤其是对于创业活动来说，文科专业学生仅靠自我个人的知识很难在第一、第二产业领域独自获得机会。因此，从产业划分的角度看，文科专业的毕业生很难在第一产业和第二产业大有作为，而在第三产业领域即服务行业则有广阔天地。21世纪以来，我国的第三产业获得了飞速发展，第三产业为社会创造的价值已经超过了第一、第二产业的总和。因此鼓励文科专业学生在选择创业机会时，结合所学专业知识，发挥独特的学科知识优势，投入第三产业的创业洪流，应为明智之选。

第三，发挥创意优势，实现创业价值。文科类专业包括社会科学类和人文科学类两大类，社会科学的应用性较强，例如工商管理、财务管理等专业，高校学生通过在校期间的扎实学习，是能够在社会发展的领域内找到合适空间开展创业的。而人文科学类的专业如汉语言文学、历史学、哲学等专业，在创业过程中要主动走出专业限制的狭隘空间，积极发挥人文科学在拓展思维、勇于创新方面的优势，利用创意开展创业。创意是创业的珍贵资源，当创新的火花遇上文科专业的火药，能够引爆创业的无限商机和创新的不同可能性。鼓励文科学生不断开展创意的训练和探索，是文科专业创业教育的核心内容。天马行空地无限制遐想与科学、合理地指导学生开展有效创意，有着根本的区别，其区别之处就在于创意与实践的结合。高校文科专业的创业教育就是要在把握市场需求、社会现实等条件下，发动学生的主观能动性，发掘文科专业上的想象力空间，化创意为可行的创业行动，指导学生实现他们的梦想和价值。

学习文科专业并不是创业的限制条件和不利因素。相反，不断扩展的社会需求，正在有力地激发文科专业领域内的创新、创造活力。因此，加强文科专业毕业生创业教育不仅存在无限可能，而且势在必行。

三、加强文科专业毕业生创业教育

高等教育院校中的文科类专业设置并不是凭空设想，一定是和社会发展的需要结合在一起的。加强文科毕业生的创业教育，重点在于鼓励学生的创新创业信念，切勿画地为牢，自缚手脚。加强文科学生的创业指导不仅要在课堂上完成教学，更要实现创业氛围的全方位营造，使文科专业毕业生赢在起跑线上。同样，文科学生的创业教育仍待加强研究，与实践同步，与社会发展呼应。

第一，鼓舞文科学生创业信心。一方面，大学生创业不应是被逼无奈之举，而是顺应变化之策。文科专业的学科背景和学术资源在全社会、任何时候都是稀缺资源，都同样具有广阔的市场前景。作为掌握深厚和宽广知识的文科学生，应该更加善于寻找更高、更好的平台去实现自己的人生价值，及时更新观念，仔细分析环境，准确把握机会，勇于创业并力争走向成功。另一方面，创新无禁区，创业没有固定的模式。创新创业者本人的知识结构、教育背景、社会条件都不一样，投资规模大小、投资领域技术含量高低，都不过是创业条件而已，只要努力去做就一定会有回报，这才是大学生参与创业的魅力所在。对于蓬勃发展的市场经济和广阔的创业舞台，更多的挑战和机遇也就意味着拥有可以无限创造的空间、不同的发展机会和种种别样的可能性。因此，积极投身于创业洪流是高校学生掌控和把握自我的选择，与高校学习的知识、见识相关，但肯定不为专业、学科所限。

第二，创造文科学生创业氛围。高校要切实改变学生就业工作理念，为文科学生创业教育提供必要的法律保障，同时充分发挥引导和协调作用，使得各方形成合力，保障文科学生创业教育的顺利开展。社会各界要营造良好的文科学生创业教育氛围，通过各种舆论宣传，支持、鼓励创业教育，树立创业典型，使人们充分认识到文科学生创业的可行性和必要性，使更多的文科大学生敢于创业、乐于创业。一方面，选拔具有创业相关教学经验的教师给学生授课，普及必要和基本的创业理论与知识；另一方面，聘请知名企业、政府机构等与创业有关的专业人士，为学生举办讲座、论坛，开阔学生的视野，提高文科学生对创业的认识。这里尤其值得一提的是要邀请那些事业有成的知名校友，他们成功的人生轨迹对大学生最具说服力和感召力，也最能够激发大学生的创业火花。

第三，构建文科学生创业教育体系。首先，要加强文科专业学生创业教育师资队伍建设。要设立专门机构，为创业教育提供各种配套服务；要鼓励教师开展创业教育研究，设立创业教育基金，提供资金支持。其次，要构建完善的文科创业教育课程体系，以选修课或公选课的形式面向全校普遍开设企业管理、金融财会、法律等方面的课程，并编写具有针对性的创业教材和指导手册，使得学生掌握基本的知识和理论，同时组织模拟创业团队，让学生在实践活动中检验所学成果，要建立相关实习基地，开展大学生创业实践活动，提高大学生创业实践能力。再次，要利用各种媒体宣传创业典型，发挥榜样的示范作用，让大学生充分认识到文科学生创业就是实现自身价值的有效途径。最后，组织文科专业学生积极参加相关的创业大赛，在近似真实的环境中锻炼学生创业的综合素质和技能，让文科学生在创意的碰撞中产生思想的火花，在相互比较中取得更大的进步。

四、余论

指导文科专业学生参与创业活动，既是一项可待深入研究的学术课题，也是这个时代和社会潜在的、可待挖掘的宝藏。每一类专业、每一门知识都具有自身独特的价值和魅力，都需要智慧的星火加以点燃，更需要有信心、有恒心的创业人予以燎原。针对文科专业学生，要科学地开展创新创业教育，帮助他们摆脱创新创业的理工技术依赖，树立文科学生"创业不是梦"的坚定信念，找准创新创业的领域、环节，在广袤的市场经济土壤里播下创新和创意的种子。倘若能付诸切实的创业行动，坚守创业的理想，一定能够顺利收获创业的成果，为社会做出更多的贡献。

第二节 社会资本与就业创业

一、大学生就业与社会资本

2013 年全国大学毕业生达 699 万，被一些人称为"史上最难就业季"。2014 年，高校毕业生有 727 万，或者只有网络那句老话"没有最难，只有更难"才能描述这种情况。事实上，除了 727 万这个规模之外，2014 年的毕业生面临的挑战还包括连续几年饱和的市场以及往届"剩"下的师兄师姐。高校就业形势愈加复杂严峻，经济增长产生的新增岗位和就业人数倍比值尚不足 1.35：1，远低于为 4：1 的就业充分倍比值，就业困难程度确实为历年最高。① 高校毕业生就业情况怎样，如何更好地帮助大学生实现首次成功就业，不仅关系到高校及教育行政部门的责任，更关系到每一个毕业生家庭的希望。本文依据对北京市四所高校（二本类）毕业生就业情况的分析，研究了大学生首次成功就业的关键因素，其中家庭背景对学生就业结果的影响较大。本节考察社会资本在劳动力择业、就业链条全过程中发挥的作用，为未来劳动关系研究的理论和实践提供参考。

从微观的角度研究大学生就业的个体行为，是近年来经济学、社会学、教育学领域等各方面都较为惯常和热门的研究方法，也涌现出了一批优秀的研究成果，形成了一些较为成熟的研究模型。边燕杰教授利用八个城市的求职网调查数据，考察强弱关系对资源性质的影响，认为人情资源与信息资源在求职过程中发挥着不同作用。姜继红根据扬州大学 50 个专业的调查数据，提出就业行为受社会资本和人力资本双重作用，社会资本在就业中具有重要作用。湖南大学 2006 年硕士马霖的学位论文根据实际调查结果得出结论，认为社会资本对就业概率的影响突出，对初始工资影响较小。中南大学 2010 年硕士胡书伟的学位论文还进一步探讨了社

---

① 于航. 高校特困生群体就业困境与工作对策［J］. 学校管理研究，2015（01）.

会资本对大学生创业行为的影响。其他优秀的研究成果不胜枚举。本文拟根据北京市四所非重点高校（教学型）中的 2014 届本科毕业生首次就业数据，结合前期实际调研了解到的学生家庭情况，建立学生家庭背景与就业情况的勾连数据模型，依据基本的统计学原理做出分析，以实证的方法检验和推导本届学生中家庭社会资本对首次成功就业的影响。

二、家庭社会资本

社会资本理论在社会学领域是一个较为成熟的概念，西方学者在这方面做出了开拓性的理论贡献，法国社会学家布迪厄第一次提出"社会资本"这个概念，定义其为通过占有体制化资源获取实际利益的显在或潜在的集合体。美国的社会学家科尔曼则指出，社会资本就是个人所占有、存在于人际关系结构中的资本财产，并能为个人的行动、选择提供便利。政治学家普特南则把社会资本的拥有者扩展到社会组织层面，从宏观研究领域考察社会资本的运作效率、网络和规范等。中国学者很早就开始关注社会资本的存在、运作及影响，费孝通教授通过考察中国人际关系的社会存在网络，提出著名的"差序格局论"，成为观察中国社会的高妙绝论。中国社会中人际关系围绕个人中心向外差序延展，构成最基本的社会资本要素。与西方社会对比而言，东方传统社会更注重家庭为基本组织单位的社会关系网络，甚至，"关系"一词成为具有中国特色的词汇直接音译进入英文世界。

　　由于中国社会组织团体的发育较晚，成熟度不高，社会资本的来源更多地依赖血缘、地缘关系，地缘、血缘等传统的人际关系网络化是家庭社会资本的基本特征。因此构成家庭背景的诸因素成为辨识和衡量社会资本的重要观测点。尤其是高校毕业生作为初入社会的求职者，其社会关系较为单纯，尚未建立在从业基础上的行业的业缘关系，对家庭背景的依赖比职场老手程度更高，社会网络语言里的"拼爹"游戏在毕业生就业这一人生关键一步中是否真正的存在，以及起多大程度的作用，引起了社会和学界的关注。

　　社会资本与经济资本不同，社会资本涵盖内容更加广泛，测度指标值更难限定。一般而言，社会资本既包括个体的社会属性特征，如性别、民族、各项社会交往和作用能力，也包括个体的群体效应特征，如居住环境、受教育资源获取渠道与程度、家庭原有社会关系积累，等等。这些因素没有统一的换算单位，无法像经济资本那样有货币化的数值核算。但是把社会资本，尤其是家庭社会资本作为动态的对比值来运用的话，优劣高低还是能够在假定的同一层面做出比较。根据本研究中研究对象的限定特征与数据收集情况，拟定在地区差异、城镇差异、工作差异、受教育差异四个方面，来对首次成功就业的毕业生社会资本做出比较，用逆向的反推方法检验家庭社会资本与首次成功就业的相关性。

三、大学生就业的家庭因素

家庭社会经济指标在一些学者的研究中被广泛运用，主要包括父母的受教育水平、职业、收入高低等几个指标。但在本研究中，为针对性地探索生源地对就业的影响，特对测算指标做出调整，加入具有中国特色的户籍类别及区域特征，把学生父母的收入高低略去，增加受教育及职业因素比重来补充。

根据目前学界研究情况，就业质量的评价标准与体系尚未建立或统一。从总体上判断就业形势，数据收集往往只注重高校毕业生就业率统计；而就业质量对于个体而言，只能依赖社会调查获取毕业生期望底薪、就业去向城市等，准确性或真实性都有待提高和改善。因此近期国家教育管理部门提出，就业质量是考核高校就业工作的主要标准，就业率统计成为非主要指标。根据获取的有效数据及相关分析，本研究将就业质量的内容分为就业意愿、就业去向、就业形式、发展前景四个方面。

本文主要研究家庭背景对大学生首次就业的影响。样本数据来源于2014年3—6月对毕业生（2014届）展开的调查。调查的范围是北京二本以教学型为主的高校，采用简单随机抽样，抽中中国劳动关系学院、中国青年政治学院、中华女子学院和北京物资学院，其中获得有效样本993份。

本文把收集的数据作为变量，分为三大类：描述毕业生家庭背景因素的自变量，包括父母的受教育程度、父母的职业、家庭收入；描述毕业生就业质量的因变量，包括就业意愿、就业去向、就业形式、发展前景和月薪酬，以及包括生源地和户籍的控制变量。

本文的数据分析主要包括两个部分，在"就业意愿、就业去向、就业形式、发展前景"部分，采用 logisitc 回归分析，其模型可表述为：

$$Ln\Omega = B_0 + B_1X_1 + \cdots\cdots + B_iX_i + \varepsilon$$

其中 Ω 代表因变量事件发生与不发生的概率之比，简称"发生比"，而 B_i 则分别代表每一个自变量的变化对因变量事件发生比的对数的影响。在具体解释回归系数的作用时，我们可以通过对每个自变量的发生比率的考察，来确定自变量每一单位的变化给原来发生比带来的变化。

在"月薪酬"部分，采用多元线性回归分析方法，统计模型如下：

$$Y = B_0 + B_1X_1 + \cdots\cdots + B_iX_i + \varepsilon$$

其中，Y 代表"月薪酬"研究变量，X_i 分别代表"父母的受教育程度、父母的职业、家庭收入"等研究自变量，B_i 分别代表各研究自变量的偏回归系数，偏回归系数代表在控制了其他自变量的作用后某一个自变量的变动对因变量的"净影响"，如表6-1所示。

表 6-1 研究变量的描述（N＝993）

变量	变量定义	赋值	说明	比例（%）
自变量	父母的文化程度 *	1	初中及以下	24.3
		2	高中	36.0
		3	大专	22.2
		4	本科	13.1
		5	研究生以上	4.3
	父母的职业	1	行政官员	5.1
		2	企业主管	18.3
		3	专业技术人员	27.1
		4	职员	25.3
		5	自雇	9.8
		6	农民	14.4
	家庭年收入	1	≤10000 元	10.7
		2	10000~30000 元	29.9
		3	30000~60000 元	32.2
		4	60000~100000 元	19.8
		5	> 100000 元	7.4
因变量	就业意愿	1	强烈	59.4
		2	一般	35.0
		3	不就业	5.6
	就业去向	1	继续深造	30.8
		2	党政机关	11.6
		3	企业	37.1
		4	事业	9.8
		5	创业	7.0
		6	其他	3.7

＊ 父母文化程度是指父母受教育较高一方，职业是父母收入较高一方的职业。

续表

变量	变量定义	赋值	说明	比例（%）
因变量	就业形式	1	三方协议	54.2
		2	用工证明	32.8
		3	劳动合同	13.0
	发展前景	1	满意	23.5
		2	一般	57.6
		3	不满意	18.9
	月薪酬			3197.6（均值）
	生源地	1	东部	28.2
		2	中部	41.7
		3	西部	30.1
	户籍	1	城镇	57.3
		2	农村	42.7

数据来源：中国劳动关系学院院级青年课题"家庭背景与大学生初次成功就业关系研究"（项目编号：13YQ021）问卷调查。

自变量中父母一方的文化程度为大专及大专以上占到了40%，2014届毕业生大部分为1990年生人，父母多为20世纪六七十年代的人，受教育的水平有了很大的提高；家庭收入在10万元以上的占7.4%，这很有可能跟样本数据的东部生源地占到28.2%有关，中西部的工资相对于东部还是有明显差距的，尤其是几个农业大省都在中部。

因变量中有接近60%的学生有强烈的就业意愿，本科毕业后想直接就业；有5.6%的学生不就业，因为有个别学生继续复习考研或为出国留学做准备；35.0%的学生找工作的意愿不是很强烈，这其中存在的原因估计是现在城里的孩子大部分为独生子女，父母不指望孩子养家，所以对其找工作不施以压力。就业去向中有将近1/3的人选择继续深造，为将来踏入社会工作提高自身价值。在企业工作的还是占的比重较多，现在国家鼓励学生创业，所以创业的比例较往年有所提高，达到7.0%。

四、家庭社会资本对就业质量的影响

运用回归分析，用父母受教育程度、职业和家庭总收入衡量家庭背景对大学生首次就业的影响，在表6-2中列出了回归的结果。

表6-2 家庭社会资本对大学生首次就业的影响

	就业意愿	就业去向	就业形式	发展前景	薪酬
父母受教育水平	1.114	0.306	0.56	1.346	63.01
父母职业	1.008	-0.108	1.404	0.326	58.12
家庭总收入	1.101	1.171	1.118	1.074	17.17
生源地	0.933	-0.16	1.233	0.861	70.31
户籍	1.604	0.068	0.875	1.899	85.02
样本数	990	987	979	981	993

数据来源：中国劳动关系学院院级青年课题"家庭背景与大学生初次成功就业关系研究"（项目编号：13YQ021）数据调查回归运算结果。

（一）就业意愿

大学毕业生就业意愿是问卷调查中的重要结果。根据分析，中部、西部的学生就业意愿明显高于东部，农村户籍的学生就业意愿比城镇户籍的学生更强烈，父母生活水平偏低的学生在希望顺利就业方面的想法和态度远比家庭条件优越的学生更积极。这个统计结果也基本符合一般逻辑推演，即家庭经济条件是激发贫困学生就业意愿的原因之一。

（二）就业去向

大学生就业去向可以分为深造（考研/出国）、就业、创业三种。在这组数据里，农村学生、父母受教育程度低的学生在深造方面较为积极，父母工作单位在社会企业中的学生被鼓励创业，东部的学生就业、创业比例远高于西部。实际上这个统计结果稍有意外，越是受教育水平低的家庭越希望孩子深造，反映了对知识的渴望在代际间的传递，深深影响着毕业生就业形式的选择。

（三）就业形式

考察就业质量的标准和依据很多，根据目前就业数据统计惯例，认为就业形式的排序一般为三方协议（含录用为公务员等）、劳动合同、用工证明。其中，有两类毕业生要单独在模型中运算，出国、深造毕业生和外地生源取得北京户口指标这两种要相应给予不同权重系数处理。本数据的就业形式中，出国、外地生源获得北京户口指标的，全部是父母受教育程度高、工作单位较好的家庭；签订三方协议的毕业生来自中等以上家庭；而用工证明和劳动合同的家庭背景往往较以上两种就业形式的家庭背景要差一些。

（四）发展前景

发展前景的指标测算由主观和客观两部分组成，一是个人对就业单位的满意度，二是毕业生就业后的收入情况。根据问卷调查结果核算显示，家庭经济情况很好和较差的毕业生对就业单位的满意度较高，而家庭经济条件一般的毕业生对初次就业的单位和月薪往往都有更高期待。

五、家庭社会资本对成功就业的影响和手段

从数据分析结果来看，在大学生首次成功就业的过程中，家庭社会资本发挥着巨大的作用，毕竟一名大学生就业不仅在于个人的求职努力，也牵涉家庭的各方资源支持。就业不仅仅是毕业生一个人的事情，更关系到一个家庭的未来决策和前景，社会关系网络在关键时刻发挥作用一方面是无可厚非，另一方面会不会造成对弱势家庭的不正当竞争，这就需要进一步考察家庭社会对成功就业的影响方式和手段。

（一）就业信息来源

尽管现如今已经进入 21 世纪的信息社会，各种各样的信息爆炸式增长，每个人在互联网时代都能够平等地获取社会信息。但是在就业信息的获取渠道上，家庭经济条件较好的毕业生能够获得更多的就业信息，这是在问卷调查中能够直接统计得到的结论。其原因应该是经济条件好的家庭对社会信息的接受、传播手段更为娴熟，更能利用好多方资源收集和筛选招聘信息，更及时、更准确地让毕业生得到相关机会。

（二）就业后援支持

对于高校毕业生来说，求职过程依然是需要付出成本的，尤其是参与到如此激烈的竞争中时，良好的就业后援支持往往是非常必要的。经济成本、时间成本、机会成本等，对于在同一起跑线，但具备不同装备的选手来说，能够获得较为充实的后援支持不仅仅是带来求职信心的增强，更多的是带来求职过程和结果的实惠和好处。而对于经济困难的毕业生来说，就业后援支持的缺乏往往是他们求职、择业过程中的短板，是他们顺利与社会接轨的"拦路虎"。

（三）就业能力影响

家庭社会资本对高校毕业生就业能力的影响在本次调研中得到实证。毕业生的就业去向一般是面向城市，很多拥有城镇户口的学生在求职时身份转换只需要在行业领域进行即可（由学生变为职员），而对农村的学生来讲，还要跨越城乡差别的鸿沟。另外，一些一线城市的户口限制在高校毕业生就业时也是难于超越的障碍。

根据以上的分析，结合近年来的毕业生求职、就业情况，有以下几点思考和建议。

1. 家庭社会资本在高校毕业生就业过程中发挥着重要作用。在指导毕业生求职时，要善于推动毕业生利用好家庭社会资本，促进就业。要正确认识家庭社会资本在一定范围内发挥的良性作用，扬长避短，为推动毕业生首次成功就业而形成合力。

2. 家庭社会资本的存在，在一定程度上割裂了大学生就业的层次，但是家庭社会资本并不是就业的唯一决定性因素，对于很多大学生而言，更多的应该是重视自身素质的提高和能力的提升，这才是大学教育的根本任务。

3. 高校就业指导部门及老师要做好毕业生的分类指导，教育学生就业选择趋于理性，不要完全一味地听从家长意见，及时纠正"有业不就"或"升学最佳"的错误理念，督导毕业生顺利就业。

4. 高校是推动教育公平的主力，为推动学生就业机会均等，高校应更大范围、更高程度地做好就业信息公开，做好家庭经济困难学生的就业援助，成为所有毕业生的"大家长"。

第七章

放宽视野：高校形势政策教育

　　党和国家对高校思想政治教育的高度重视和广大青年学生健康成长成才的现实需要，对高校推进思想政治教育理论创新和实践发展提出了新的要求。

　　开设课程发挥形势与政策教育必不可少的作用，是高校思想政治理论教育的重要支点，是当前高校大学生接受党的政策和时事热点教育的主渠道、主阵地。将形势与政策理论教育、社会热点剖析与学生日常管理有机结合起来，以理论政策为指导日常管理工作的目标和方向，再通过日常管理的实践来贯彻和体现时事政治教育的成果，能够大力推动全方位思政引领和管理育人相结合。

第一节　形势政策与思政教育

新时代下高校做好思想政治教育工作必须以宣传党的最新理论、时事政策和大政方针为出发点，以培养社会主义的合格建设者和可靠接班人为落脚点。"形势与政策"教育教学以马克思主义形势政策观为指导、以培养社会主义事业的合格建设者和可靠接班人为宗旨，是对大学生进行社会主义核心价值体系教育的重要途径，其特殊的育人功能体现了国家意识形态对人才培养的素质要求。同时，"形势与政策"教育教学还具有对大学生进行全面素质培育的育人功能，即"形势与政策"教育教学不仅具有对大学生进行知识的灌输、理想信念的教育、爱国情感的陶冶、健全人格的塑造功能，还具有对大学生进行人文素质教育，培养大学生对形势政策信息进行多维度分析和综合判断的能力，以及培养大学生成为高素质人才必备的大局观念和思维能力的作用。

一、"形势与政策"课程建设的必要性

（一）国际形势变化的必然要求

20 世纪以来，国际局势发生深刻变化。伴随着中国的和平崛起，世界格局和国际形势风云变幻，波谲云诡。尤其是 2008 年金

融危机发生以来，世界经济形势和大国力量对比不断调整，中国周边局势和外交环境中的机遇和挑战并存。如何正确认识和把握国际局势的原因背景、发展趋势，不仅是国际研究学科的重要命题，也是当代大学生应该了解和掌握的基本知识。丰富、多变的国际形势，既提出了开设"形势与政策"教育课程的必要性，也提供了开好"形势与政策"教育课程的基本内容。

（二）思想政治教育的工作需要

1987 年 10 月，国家教委下发了《关于高等学校思想教育课程建设的意见》，对高校思想教育课程建设做出了设置五门思想教育课程的规定，"形势与政策"课为其中之一。2005 年 3 月 9 日，中共中央宣传部、教育部联合颁发了《〈中共中央宣传部、教育部关于进一步加强和改进高等学校思想政治理论课的意见〉实施方案》（简称"05 新方案"），"05 新方案"再次确认，"形势与政策"课为高校思想政治理论课程体系的一门必修课，本、专科学生都要开设这门课。2014 年 12 月，中共中央办公厅、国务院办公厅印发了《关于进一步加强和改进新形势下高校宣传思想工作的意见》，从国家发展的战略高度，对高校意识形态工作进行了全新的部署，是指导新形势下高校"形势与政策"教育教学工作的纲领性文献。

（三）新媒体传播下的客观应对

近十年来，随着移动应用技术和网络技术的飞速发展，新闻传媒媒介面临革命性变局，微信、微博、QQ等社交新媒体成为信息传播的热门工具。新媒体传播形态的变化，培养和引领了信息和舆论生存的公共空间发生战略转移，使得传统的主流媒体和传播途径遭受重大考验。广大高校学生是新媒体传播工具的应用者和受众群，爆炸性的信息流在新媒体时空内高速运转，主流价值观念与冗余、庸俗信息激烈争夺阵地，而"形势与政策"教育方面的内容更是被推在这场争夺战的前沿。

因此，从客观环境、社会现状、客观情况诸多因素来看，高校"形势与政策"教育课程建设应当抓住时机，亟须加强，而不是可有可无、偏颇偏废。

二、目前高校在课程建设方面普遍存在的困难

目前许多高校都在"形势与政策"教学内容规范化方面进行了多方面的探索。有些高校也在尝试着构建"形势与政策"的课程体系，然而构建出来的课程内容却存在着既容易因热点问题的变化而过时，又因内容繁多而远远超出了课堂教学所能容纳的范围等问题，因此有必要对"形势与政策"课教学内容的规范化做进一步的探索。综合考察后发现，高校在课程建设方面存在的困难有如下几点。

第一，教学主体责任不明确。高校思想政治教育是面向高校所有在校学生普遍开设的必修课，而"形势与政策"部分是思想政治教育的内容之一。"形势与政策"教育课程是思想政治教育部

门的核心教学课程，不应该是由行政部门组织的临时讲座、教学实习、观影观摩等的第二课堂，一些开设有国际研究专业的学校，也不应该将"形势与政策"教育课程由国际研究的教研队伍整体承包。有条件的学校应该在思想政治教育部门内，设置相应的专门教学机构，对"形势与政策"教育的课程建设负总责，而非向外推诿、外包。

第二，教学支持体系不完善。很多高校在思想政治教育课程建设中，主要抓"两课"教育，对"形势与政策"教育的投入不足，难以形成教学、研究、监督、反馈等完整的教学支持体系，因而，在教学方案设计、学生学分设置、教学内容规范、教材编写引进等方面，难以实现对课程教学的保障支持。

第三，教学队伍建设不匹配。从国内很多高校的实际情况来看，"形势与政策"教育的师资力量严重匮乏，教师进修机会、教学研讨会议与同类相比处于弱势状态。与教学队伍建设缺乏相应的是，国家加强"形势与政策"教育的相关要求落地不足。为此，2014 年中宣部、教育部等出台文件要求，相关级别的领导干部要走进高校、走上讲台，向学生宣讲"形势与政策"，以带动"形势与政策"教育的全面建设发展。①

目前，"形势与政策"教育在很多学校的建设和发展中，存在一些困难和不足，加强高校的"形势与政策"教学课程建设势在

---

① 王刚. "形势与政策"课规范化建设：问题与解决路径 [J]. 思想理论教育，2015（11）.

必行，应在教学内容规范、教学理念革新、教学管理科学等方面下功夫。

三、高校"形势与政策"课程建设的方向

高校"形势与政策"课程建设任重道远，高校间课程建设水平参差不齐，在加强课程建设上应相互沟通交流、实现共建共享。国家相关部门应搭建课程建设平台，一些成熟高校走在前列，课程建设的经验和成果应主动提交平台分享。有些学校一直没能开设"形势与政策"课程。要实现从无到有的建设过程，这些高校要在如何开好新设课程，动员学生积极参与，课程质量监督、学习效果考查、学分成绩认定等方面进一步做好细化方案。

第一，规范内容、突出时效。"形势与政策"课程的授课内容具有时效性、动态性等特点，教学要点要围绕覆盖时事热点问题构建授课内容。虽然"形势与政策"教育课程专题模块的授课内容是可变的，但是整体教学内容也包含着相对稳定的因素，这些稳定的内容源于在分析国际、国内形势时所运用的基本方法。因此课程建设应基于"形势与政策"教育课程的特殊规定和教学内容，围绕教学要点，突出时效性和针对性，不能因循守旧、墨守成规。

第二，更新理念、实现变革。高校应根据变化的形势和政策，适时对"形势与政策"教学的课程建设做出调整和创新。首先，要有信息引导意识。现在是信息社会，"形势与政策"教育课程要

树立在第一时间获取形势、政策信息的意识，充分利用新媒体、新技术，及时获取真实有效的信息。其次，要将正在发生的重要"形势与政策"纳入教学之中。比如，"中国梦"和中国外交政策是当前师生的关注点，在教学过程中应及时地将它们纳入教学内容。最后，要突出教学内容的"本土化"。"形势与政策"课程教育的生命力就在于回答和解决重大现实问题，结合高校自身办学历史和办学特点，把与学科发展、学术前沿、专业特色相关的时事政策纳入教学计划。

第三，建章立制、加强管理。高校要建立选修课大课管理制度，将固定学分制、灵活学时制相结合，借助学生管理队伍力量，加强课程建设和课程管理，完成思想政治教育的本质使命。利用学生工作部开展学生思想政治教育的大平台建设，联合团委、思想政治教育教研室等部门，对其他高校开设"形势与政策"教育课程的情况进行调研，实地了解和学习成熟高校的做法，听取相关专业专家的意见和建议，结合学生对开设课程的反馈，最终形成拟订开设课程的实施方案。学校人事部门要支持师资队伍的建设，加强建设和引领，充分整合相关资源，稳定师资队伍，注重培养师资、实现持续发展。学校科研、财务等部门要加大教学设备和教学科研的投入，鼓励教学队伍开展教学、学术研究，鼓励教学方法和学术研究的创新和应用，推动"形势与政策"教育课程建设深入发展。

第二节　"形势与政策"课教学探讨

"形势与政策"课是高等院校思想政治理论课的重要组成部分，与其他同类课程共同构成思想政治教育的主渠道、主阵地，是高校学生的必修课，能够帮助高校学生树立正确的世界观、价值观，拓宽学生理论学习、知识积累的视野，在提高学生认识时势、分析问题的思维能力和人文素养方面具有不可替代的作用。

高校开设"形势与政策"课程往往都会受到学生热捧，一些精品课程供不应求，这既反映了广大青年学生热衷于求取新知、关注生活世界的志向，也侧面透露出"形势与政策"课程在总量供应、精品打造等方面的不足。根据教育部门对"形势与政策"课程建设方面的要求，许多高校在课程内容、教学管理规范化方面进行了多方面的探索，一些地方教育部门联合高校尝试构建"形势与政策"课的课程体系，但由于课程本身所具有的需要不断更新内容的特点，课程体系构建的延续性往往存在问题。如已有的一些课程往往会因形势变化而落后过时，或因追求全面导致内容繁多超出课堂范围等。为此，对"形势与政策"课程开展规范建设、集中研讨很有必要。

一、目前存在的问题

"形势与政策"课开设的教学目标是对大学生进行形势与政策教育，进而全面提高大学生的思想素养，达到培养高素质人才的目的。但有些高校忽视对大学生形势与政策的教育，回避开设相关课程，或者所开课程受传统的教学体制、教学方法、管理机制等条件的限制，教学效果较差，没有达到这门课应有的教学目的。综合来看，主要问题有以下几个方面。

（一）重视程度不够

"形势与政策"课程是高校思想政治理论课程体系的重要内容，属于思想政治理论课范畴，但在实际课程建设、教学管理运行中往往比其他几门政治理论课的地位低很多，突出表现在课时量少、师资力量薄弱、经费保障跟不上等方面。高校普遍强调主抓专业建设，突出重点特色专业，公共课程课时量、课程资源往往会被压缩，导致"形势与政策"课程沦为依靠一两场讲座或者时事报告会应付了事，难以满足学生的需求，更达不到课程设置的基本目标。

（二）教学研究缺乏

与其他思政课程、专业课程相比，"形势与政策"课程的教学内容涉及面广、专业跨度大，除了课程教学主题要包括政治、经济、文化、社会、国际关系等多方面的内容，课程内容的深度也要与高等教育教学的基本要求相适应。教学内容不应该是时事新闻的简单搬运，也不应是社会新闻的浮泛评述，要能够深入分析问题本质，给学生以理性思考和智慧启迪。但在现实情况下，授课教师往往会由于专业背景、时间精力有限等因素，在教学内容的研究上投入不足、成果不多，难以从学术研究的成果上为教学内容提供足够支撑。

（三）教学方法单一

课堂讲授是"形势与政策"课教学的基本模式，一部分授课教师把课程任务理解成国家政策宣讲，以时事新闻播讲的方式单向输出，不与学生互动，难以达到实际教学效果，学生不能发挥主观能动性，老师不能把握学生真正渴望了解的东西；学生本来想与老师交流、沟通、探讨的东西因为课堂没有互动而搁置。一些教师又仅仅停留于介绍一些人人皆可查知的信息，讲不出教材的深度和广度，使学生逐渐厌倦"形势与政策"课。

（四）师资力量不强

"形势与政策"课的任课教师来源背景多样，一些高校为完成开课任务，简单粗暴地分配任务，导致"形势与政策"课的教学主要是由辅导员来兼任，思想政治教育专职教师反而偏少。再加上一些高校对"形势与政策"教育教学不重视，教师没有机会参加各种形式的形势政策教育教学培训班，更没有机会进行社会实践和外出考察，教师的教学水平和整体素质不能做到与时俱进，教学水平无法得到提高。

二、教学改进的思路

高质量开设"形势与政策"课既是高等教育教学的必然要求，也是反映高等院校教育教学水平、管理服务水平的一个侧面。一些高校在实际工作中，管理部门与教学密切配合，联合开展课程设计的研讨开发，尝试以讲座形式完善课堂教学的方法，既完成既定教学计划，又实现内容的及时更新，让老师爱讲、学生爱听，把"形势与政策"课堂办成学生喜爱的、不断更新的系列讲座，受到业界好评。反思问题、总结经验，加强和改进"形势与政策"课应该做到以下几个方面。

（一）教学内容要有针对性

"形势与政策"课既不同于思想政治道德品德课，也不同于马克思主义基本理论课，它是多学科、多门类、多专业的跨度交叉，课程教学内容不仅要有理论高度，能深入宣传贯彻党和国家不同时期的路线方针政策，还要有对国际国内热点问题的正确认识和把握，以社会形势和学生需求为导向，对大学生进行思想政治教育，确保教育内容的针对性。因此，高校在"形势与政策"课的内容安排上，要充分认识到时效性是"形势与政策"课的生命力之所在，紧紧围绕学生关注的热点、难点、焦点、敏感话题、突发事件等国内外重大时事来确定教育教学的重点，全面了解学生疑惑疑难的问题，及时准确地把握最新时事动态，密切关注形势变化，深入分析和研究热点、焦点问题，针对这些问题进行答疑释惑，提高教学效果。

(二) 教学方法要有设计感

"形势与政策"课的教学内容丰富多样，教学方法同样需要实现全息式渗透、全景式展现、全角度映照。随着互联网教学手段的普遍应用，教学方式方法的选择越来越多，学校应一改传统的灌输式教学方法，根据学生思想多样性的实际要求，更新教学理念，创新教学方法。在教学中除课堂授课外，应制作多媒体课件，增加影像资料等来配合理论教学，同时授课教师要充分发挥全媒体、融媒体的工具优势，以学生喜闻乐见的方式开展沟通交流，在课下与同学们就当今热点问题进行沟通讨论，最大限度地调动学生学习的积极性，强化教学的效果。另外，课程建设方面要依靠网络媒体优势，建立教学资料信息库，加强校内传媒硬件建设，让每个大学生都能及时读到、听到、看到，保证资料信息渠道畅通，建立准确、及时、充分、科学的教学体系，提高课堂教学的效果。

(三) 教师队伍要多元化

"形势与政策"课课程的重要性、丰富性对授课教师的基本素质、专业能力、教学水平提出了严格要求。育人者先受教育，授课教师要有过硬的政治素质、广博的知识储备、高超的分析能力、准确的表达手段，才能讲好、上好"形势与政策"课。因此，在课程师资选配方面，高校教育管理部门要严格把关、认真审定、加大培训、积极培养，打造一支教学水平高、战斗力强的师资队伍，既要确保课程教学的政治方向，更要保证课程教学的质量水平，形成课程建设、课程管理、课程实施的长期、连续、深远效应，辅助高等教育立德树人、成长成才的育人目标。另外，"形势与政策"课的教师选聘方面还要拓宽视野，力戒闭门造车，多多开门办学，定期聘请外校资深专家、社会知名人士、杰出校友等社会各行各业的先进人物，作为有益补充，加入授课教师行列。党政领导以及各领域的专家学者是不可忽视的重要资源，他们在专业领域站得高，看得远，观察形势的视角和对政策的理解有独到之处，他们的见解有助于大学生增加对党和政府的了解，使社会的主导观念、主流声音通过课堂教学的方式传递给学生，提高课程教育的权威性。

新形势新任务，"形势与政策"教育要紧紧围绕高校人才培养的目标，结合国内外政治经济形势和高等教育实际，着力深化教育教学改革，切实改进教育教学形式，努力拓展课外教育教学渠道，使高校"形势与政策"课程收到良好的教学效果。

第八章

弘扬精神：高校学生劳动教育

　　党的十八大以来，习近平总书记从不同层面、不同角度多次强调了高校思想政治教育工作的重要性，并提出实现全程育人、全方位育人，努力开创我国高等教育事业发展新局面的指示精神。立足新时代社会主义建设的要求，结合我国当前高校思想政治教育工作的实际，新时期高校思想政治教育必须具有全方位的视角，坚持开放、协同、合力引领教育，在思想政治教育方法上把握大局观和总体意识，把各项思政元素和价值引领融入课程教学和人才培养全过程，推动青年大学生的知识传授和价值认同的有机融合，真正实现全方位育人。

　　劳动模范是劳动者中的优秀代表，是中国工人阶级中的杰出人物。劳模精神与时代的发展相向而行，凝结着时代前行的精神力量、道德价值和文化风貌。劳模精神既是全社会劳动者价值追求的高度凝练，又是全体劳动者不懈奋斗的精神指引。在全社会大力弘扬劳模精神，是建设中国特色社会主义伟大事业的必要之举，是实现中华民族伟大复兴"中国梦"的必然要求。

第一节　劳模精神与思政

为调动广大劳动人民投身社会主义建设的热情，借鉴社会主义国家劳动生产竞赛、英模评选表彰的经验做法，中华人民共和国成立以后多次组织召开全国劳动模范和先进工作者代表大会，逐渐形成了具有中国特色的劳动模范的评选表彰制度。尽管历届劳动模范评选在条件、标准、数量等方面存在些许差异，但通过评选劳动模范来弘扬和宣传引领时代的劳模精神，始终都贯穿于劳模评选制度建设的全过程。劳动模范不仅是劳动者个人的荣誉称号，更成为具有时代意义的精神符号。

劳动模范是劳动者中的优秀代表，是中国工人阶级中的杰出人物。劳模精神与时代的发展相向而行，凝结着时代前行的精神力量、道德价值和文化风貌。习近平总书记在 2013 年五一劳动节前夕接见全国劳模代表时，把劳模精神概括为"爱岗敬业、争创一流，艰苦奋斗、勇于创新，淡泊名利、甘于奉献"[1]。这是对新时期劳模精神的科学、准确定义，高度反映了劳模精神中的人文

———————

[1]　习近平. 在同全国劳动模范座谈时的讲话（全文）[N]. 人民日报，2013-04-28.

价值、道德指向和崇高品格。培育和践行社会主义核心价值观，要融入生活世界中，才能发挥其精神的激励力量，才能体现社会主义核心价值观的引导力量，而劳模精神、劳模事迹正是核心价值观的体现。将身边的劳模事迹讲述给学生听，让学生切实能看到、感受到劳模的精神，更有助于从思想上认同核心价值观。

一、全面理解劳模精神

劳模精神内涵丰富、意蕴深厚，并且具有鲜明的时代特征。在每一个时代，伴随着社会历史发展进步，劳模精神在内容的侧重点上稍有不同，劳模精神并不是一成不变的狭义概念，而是随着时代的发展而不断进步的清渠活水。尽管劳模精神的具体内容在不断发展变化，但劳模精神的价值底色始终未曾改变，尤其是劳模精神中所饱含的爱国主义的信念、集体主义的热情、无私奉献的追求，丝毫没有递减。深入理解劳模精神，是挖掘劳模精神价值、大力弘扬劳模精神的第一步。从宏观、中观、微观三个角度来看，劳模精神的价值承载、文化特质、人文风貌都具有深刻的内涵意义。

劳模精神是中国工人阶级伟大品格的集中体现。中国工人阶级是近代中国实现命运转折的依靠力量，是新中国的领导阶级，是社会主义革命和建设的主力军。在不同的历史时期，中国工人阶级的伟大品格有着不同的展现方式。在民主主义革命时期，中国工人阶级奋起反抗权贵阶级和外国势力制造的黑暗压迫，勇敢追求民主、自由、平等，在中华人民共和国建立的进程中扛起了历史重任。在社会主义建设时期，中国工人阶级以改天换地的热情和信念积极投入生产建设，在"一穷二白"的局面下建立起共和国的工业经济体系，为国家建设奉献了伟大力量。改革开放以来，工人阶级的身份进入多元化时代，肩负一线劳动者的历史使命，促使中国工人成为经济腾飞大潮中坚定的改革者和建设者。中国工人的历史贡献和伟大品格不仅为全国人民所熟知，更获得了国际媒体的赞誉，美国《时代》周刊在 2009 年把"中国工人"选为年度群体人物代表。中国工人阶级勇担历史重任、冲锋时代前列、敢于创新创造的伟大品格，在一代代劳模身上持续展现。劳模精神是中国工人阶级对中国发展过程中面临不同难题的正面回答，是中国工人阶级用责无旁贷的主人翁责任感，时刻牢记艰苦创业、无私奉献的使命感扛起中国命运之舟的那份坚毅和勇敢的集中写照。

劳模精神是中国劳动人民质朴精神的集中反映。中国劳动人民的勤奋、节俭在全世界都享有盛名，全球华人群体在世界各个角落都能获得很好的生存和发展，依靠的就是这种质朴的中国精神。劳动模范来自五湖四海的劳动人民，他们是中国劳动人民中的优秀代表，自然保持着劳动人民的质朴本色。劳模精神中"爱岗敬业""艰苦奋斗"的内容，凝结了中国劳动人民对幸福的真诚追求、对奋斗的踏实践行、对劳动的质朴理解，具有永恒的时代魅力。中国劳动人民能够在东亚大陆建立五千年延续不断的文明，获得经济建设的辉煌成就，靠的就是这种热爱劳动、尊重劳动、诚实劳动的坚定信念和质朴追求。因此，劳模精神倡导良好的职业道德和爱岗敬业精神，集中体现了中国劳动人民作为东方民族代表的勤劳、质朴的精神品质。

劳模精神是中华民族自强不息精神的集中代表。中华民族的历史就是生生不息的奋斗的历史，中华人民共和国劳模评选的历史，也是中华民族走向崛起的历史缩影。1949 年时期的"铁人精神""时传祥精神"，改革开放以后的"鞍钢精神""当代雷锋"等，都是在不同的历史阶段中华民族自强不息精神的代表。劳动模范是指在从事社会生产和实践的劳动者中产生的先进分子和标兵榜样，他们是平凡的岗位上建立不平凡业绩、做出超凡奉献的群体，他们身上所反映出来的旺盛生命力，是中华民族能够从历史走向未来的源泉。中华民族的发展历史并不总是一帆风顺的，在面临不同时期的不同挑战时，每一位炎黄子孙都是历史发展的推动力之一，劳模精神中的"勇于创新""甘于奉献"，是这种推动力的黏合剂和放大器。因此，劳模精神鼓舞着每一位劳动者通过自己的诚实劳动，投身到国家建设、民族富强的洪流，这正是中华民族自强不息精神的集中展示。

二、劳模精神的教育功能

弘扬劳模精神，弘扬劳动精神，发扬中国工人阶级和广大劳动群众的伟大品格，作为身边的榜样，劳模始终是各行各业青年成长的引领者。作为一种精神，是具有传承、引领、塑造的文化力量，在新时代宣传和弘扬劳模精神能够发挥巨大作用，具体体现在以下方面。

（一）宏观层面，发挥劳模精神价值承载的教化和感化作用

劳模精神是人民的精神，是民族的精神，也是时代的精神，凝聚和映照着传统文化的血脉、现代文明的价值。劳模精神中丰富的价值承载必然具备强烈的教化和感化能力，因此，要发挥劳模精神在宏观视角上的感召作用，用劳模精神激发奋斗力量、前进动力，推动各项事业蓬勃发展。

紧密结合社会主义核心价值观弘扬劳模精神。习近平总书记发出指示与号召："广泛宣传劳模先进事迹，使劳模精神不断发扬光大。"① 劳模精神与社会主义核心价值观互为表里，弘扬劳模精神，对弘扬社会主义核心价值观、形成优良的校园文化风尚具有重要作用。高等院校是知识、思想、信息的集散地，与其他群体相比，高校师生在社会中具有更多的知识储备、更高的文化水平，应更加具备坚定的理想信念、更加纯粹的道德修养；高校的学术氛围和校园文化也为每个人的成长提供了更多的条件和机会。在弘扬劳动精神方面，高校既是研究劳动精神、劳模精神的先发力量，更是宣传、践行劳模精神的行动主体，因此高校要积极响应党中央关于让全体人民特别是广大青少年认知并实践"劳动最光

---

① 习近平. 在同全国劳动模范座谈时的讲话（全文）[N]. 人民日报，2013-04-28.

荣、劳动者最伟大”的号召，积极组织开展劳模进校园活动，树立劳动最光荣、劳动最崇高、劳动最伟大、劳动最美丽的观念，让全体师生进一步焕发劳动热情、释放创造潜能，通过劳动创造更加美好的生活。

紧密结合爱国主义教育弘扬劳模精神。劳模精神首先就要体现劳动，劳动创造了中华民族，造就了中华民族的辉煌历史，也必将创造出中华民族的光明未来。“一勤天下无难事。”高校在传播先进知识的同时，要将劳模精神纳入高校校园文化建设中来，用融合后的文化氛围熏陶、浸润学生成长环境，用劳动创造校园文化风尚，让劳动之风流行于校园。大学青年是重要的人生阶段，是世界观、人生观和价值观形成和确立的重要时期。自觉接受思想政治教育，树立起正确的劳动观念，养成热爱劳动的习惯，紧扣好青年人生阶段中的第一颗纽扣，就显得更为重要。青年是社会的未来，青年的价值取向决定未来整个社会的价值取向。少年强则中国强，少年智则中国智。我国的大学教育事关国家实施科教兴国和人才强国战略，是确保我国在激烈的国际竞争中始终立于不败之地，加快推进社会主义现代化建设，实现“两个一百年”宏伟目标的重要阵地，是确保中国特色社会主义事业兴旺发达、后继有人的重要阵地。

紧密结合校园文化建设弘扬劳模精神，在宣传和培育榜样文化中融入劳模精神，发挥劳模精神人文风貌的同化和优化作用，是全方位加强和深化思想政治教育的一个有效举措。适时把劳模精神上升为校园文化理念，使劳模、劳模集体成为学校的一个品牌。劳模老师们在菁菁校园中，活跃在师生身边，让他们成为学生学习生活中的良师益友，成为大学生身边的榜样和楷模，这对促进形成自觉培育践行社会主义核心价值观的校园文化发挥着重要的作用。在五一劳动节这样的特殊时间点，要大力宣传劳模事迹，树立劳模榜样，使劳模精神得到弘扬和辐射。可以向广大学生推送劳模教师的祝福语，这既体现了学校老师对学生心理、情感需求的人文关怀，也能很自然地介绍劳模老师的事迹，得到学生的认同。有许多高校开展寻找和表彰身边"最美的人"活动，弘扬和培育在社会上流行和被赞赏的以善良、仁爱和无私为主体的"最美精神"。通过让师生寻找"最美的人"，营造一股发现真善美的热潮，促使学生在寻找美、评价美和欣赏美的过程中，受到劳模精神的启迪，认可核心价值观。

（二）中观层面，发挥劳模精神文化特质的涵化和濡化作用

高校要把劳模精神融入当代大学生的精神世界，把劳模们的先进事迹融于构建高校大学生校园文化、凝聚大学精神的重要举措中，进一步加强和改进大学生思想政治教育工作。用劳模精神引导、示范和辐射大学生，教育引导大学生树立正确的世界观、人生观和价值观，激励大学生勤于劳动、立志成才、奋发向上的正能量；激发当代大学生的劳动热情，弘扬创新精神、奉献精神，使大学生牢固树立热爱劳动的思想，养成热爱劳动的习惯，为实现"两个一百年"的宏伟奋斗目标，为祖国发展培养一代又一代

勤于劳动、善于劳动的高素质劳动者而努力。

劳模精神中的爱岗敬业、淡泊名利、甘于奉献，都是教育培养学生思想道德的方向，也是社会主义核心价值观所倡导的。培养德才兼备的复合型人才，更是高校人才培养的目标。学生浸润在劳模精神中，让他们自觉学习、努力培养自己爱岗敬业，乐于奉献的劳模意识，对于他们的成长成才也是大有好处的。因此，弘扬劳模精神，使学生形成劳模意识，有利于高校优秀人才的培养，更是践行社会主义核心价值观的现实需要。

劳模精神的核心是工匠精神，工匠精神里面也孕育着劳模精神。从"工匠精神"中孕育出"劳模精神"要经历"尚巧""尚精""道技合一"三个阶段。"尚巧"是追求技艺之巧，"尚精"是追求技艺的精湛，"道技合一"则需通过技艺领悟"道"的真谛，从而实现创造之美的升华。

以劳模优秀品质引领师生员工学习"爱岗敬业、争创一流、艰苦奋斗、勇于创新、淡泊名利、甘于奉献"的劳模精神；以新时期劳模精神激励并鼓舞师生员工自强不息、立志成才、奋发有为、奉献社会，逐步形成崇尚劳模、学习劳模、争当劳模、关爱劳模的良好氛围，可促进校园文化的良性发展，形成"尊重劳动、尊重知识、尊重人才、尊重创造"的优良风尚。

（三）微观层面，发挥劳模精神人文风貌的同化和优化作用

人类社会进入了自媒体时代，互联网、移动网络等新媒体日新月异。时代的进步，环境的变迁，受教育者思想意识的变化，自

媒体时代"见贤思齐"正能量的引导，迫使传统的榜样教育方法不断改进，研究者必须在传统的榜样示范的基础上，进行更加深入的发展研究。

榜样教育是教育者通过榜样这一价值载体的人格形象，激励和引导学习者自我内化榜样精神品质，生成自我道德人格和创新行为方式的一种教育活动。高等院校将劳模精神融入校园文化建设，可通过劳模事迹报告会、劳模讲堂等形式，将劳模精神、工匠精神深深刻印在师生的心里，以劳模为榜样，充分发挥吃苦耐劳、爱岗敬业的劳模精神。无论是战争年代，还是建设时期，劳模作为榜样的力量是巨大的，而身边的榜样教育更有说服力，更能够激发人的内在潜力。新时期，依靠劳模榜样引领，充分发挥青年的创造激情和才能，有助于青年精神的境界提升与完善，有助于个人理想和国家发展目标的顺利实现。让劳动模范与学生"零距离"接触，感受劳模精神，引导学生崇敬劳模、学习劳模，崇尚劳动、热爱劳动。以弘扬劳模精神丰富校园文化内涵建设，把劳动创造美好未来的精神理念植根于青少年的思想建设中，鼓励他们学有所长、学有所用。开设劳模讲堂，让劳模走进学校、课堂，讲述自己的成才故事和亲身经历，让青少年学生以劳模为榜样，坚定学习信念，树立远大理想，把个人梦想与"中国梦"有机结合，在成就自我的同时为国家民族的伟大复兴贡献力量。

同时，以各种方式鼓励学生发扬劳模精神，以劳模的心态，为家庭、为学校、为社会做一件力所能及的好事。通过开展"最美会员""师德论坛""劳模精神进校园"有奖征文等系列活动，与各种评选表彰等活动有机结合，倡导教师学习劳模、争当劳模，进一步提升教师爱岗敬业、奉献事业的精神境界，把追求理想、塑造心灵、传承知识当作职业生涯的最高追求，关爱每一名学生，关心每一名学生的成长和进步，以真情、真心、真诚教育影响学生，努力成为学生的良师益友和健康成长的指导者、引路人。

第二节 劳模精神进校园

纵观中国革命建设和改革开放的历程，尽管劳模精神的内涵在不断与时俱进，但在共和国历史的各个时期始终发挥着重要作用。伟大的革命、建设历史涵育了中国特色的劳模精神，实现"中国梦"也同样需要继续高扬劳模精神大旗，鼓舞全社会劳动者为实现民族复兴、国家富强努力奋斗。

一、劳模精神的内涵与价值

劳动模范（以下简称"劳模"），是社会生产和社会实践主体劳动者中的先进分子和标兵榜样，具有强烈的社会属性和时代特征。劳模评选和表彰是社会主义国家特有的制度。0 世纪 50 年代，我国开始大力推进劳模评选，数以万计的劳模成为社会进步的见证人和全国劳动者参与共和国建设的精英代表。评选劳动模范的目的不仅仅是奖励某个人的先进行为，更是倡导和颂扬热爱祖国、热爱劳动的精神境界和价值追求。

（一）劳模精神的时代内涵

劳模精神伴随着共和国的诞生、建设、发展而不断成长和丰富壮大。中华人民共和国成立初期，为改变"一穷二白"的局面，促进国家建设的大跨步发展，凝聚全社会劳动者艰苦奋斗、无私奉献的劳动精神成为政权稳定和国家建设的双重需要，爱国爱家、艰苦奋斗、勤俭节约成为这一时期劳模精神的特色标志。在接下来的全面建设时期，各行各业在生产建设中涌现出来的技术创新能手成为劳模主体，这一时期的劳模精神主要体现在爱岗敬业、勇于创新、乐于奉献等方面。改革开放后，劳模评选再次回归劳动者一线，劳模精神重新凝聚到对劳动者的尊重上来，一大批实干家被评为劳动模范，这一时期劳模精神主要体现在诚实劳动、带动创造社会财富方面。劳模精神内涵的变更和国家的发展变化息息相关，紧密代表和及时反映着时代的呼声。

（二）劳模精神的内在价值

劳模精神在各个历史时期都发挥着重要作用，引领着时代潮流，带动广大人民群众积极投身于社会建设，其主要体现在以下几个方面：首先，劳模精神升华了劳动者热爱劳动的朴素情感；其次，劳模精神凝聚了劳动者建设社会的向心力量；最后，劳模精神鼓舞了全体劳动者奋发向上的劳动热情。当然，劳模精神的内在价值首先体现在对劳动价值的尊重和追求上。马克思主义认为，劳动创造了人，劳动是人的社会属性的根本特征。劳模精神就是充分肯定劳动在社会建设和发展中的根本作用。劳模精神还体现在对创新和创造的引导上。劳模精神不是一成不变的，各个历史时期都尊重技术创新和劳动创造。改革开放后，劳动者群体的概念范畴扩大，除体力劳动和脑力劳动之外，资本也融入了价值创造中，劳模评选的范围已经超出生产一线，开始逐渐关注脑力劳动及在此基础上发展起来的管理改革甚至是思想创新，知识界和企业家阶层也出现在劳模表彰大会上。劳模精神内涵的变化，昭示着国家大力鼓励创新创造的意识，这既是时代的变化和需求，也反映着社会、劳动者本身的进步和追求。

劳模精神内在价值的另一个特征就是国家属性，即爱国主义的价值追求。纵观每一时期的劳模精神，其最为远大的理想追求都是与国家的建设和发展息息相关。因此，劳模精神和爱国主义始终处于同一战线。在和平建设时期，努力劳动，尽可能多地为社会创造财富就是最大的爱国表现。因此，劳模精神的内在价值追求一定离不开对国家的热爱和对民族复兴的责任担当。综上所述，劳模精神的内在价值就是尊重劳动价值、引导创新创造和爱国主义追求三个方面。

（三）劳模精神的高校适用

2010 年，教育部专门向全国发文通知，要求高校组织开展劳模进校园活动，宣传劳模先进事迹，用以引导、示范、辐射大学生思想政治教育工作。劳模精神所体现的尊重劳动价值是全社会甚至全人类的普遍追求，作为高校大学生应明确了解劳动最光荣、劳动者最伟大的真理。青少年尤其是大学生，是祖国的未来，是社会主义建设和民族复兴大业的接班人，肩负着重大的历史责任和光荣使命，必须深知只有劳动创造才能继承先辈伟业、开创辉煌未来。高校学生从一定意义上来说，也是社会成员中的重要组成部分，是处于学习阶段的劳动者。学习劳模精神并非只有实际参加工作以后才能进行，树立正确的劳动观念、爱国意识、创新精神应当从早做起，因此劳模精神不应该远离大学校园，劳模精神不仅与高校相适应，而且确实能够对大学生的思想政治教育工作有所补益。

二、高校思想政治教育的现存问题

劳模精神走入校园，贴近大学生生活，是高等教育发展的形势要求，也是改进高校思想政治教育的实际需要，在解决大学生思想政治教育中存在的泛化、虚化趋势，改变对劳动教育的漠视，充实思想政治教育的案例教学等方面，都可以发挥独特的作用。

（一）大学思想政治教育的泛化与虚化

大学生的思想政治教育是高校培养青年学生成长成才的重要内容，然而在实际工作中，思想政治教育往往会被学生认为是理论说教，教育工作操作不当甚至易使学生产生厌学、逆反情绪。据了解，一般高校思想政治教育分为课程教学、课外指导两个方面。在思想政治教育的课程建设方面，一般都会涉及国家政治理论的普及、形势政策教育等内容，作为公共必修课讲授。在课外指导方面，举办各类讲座、组织各种活动是引领大学生思想政治教育的主要形式。但是在实际的教育实践中，思想政治教育的效果并不突出，教育的深入程度和持续影响力不能得到保证。思想政治教育的理论体系较为广阔博大，内容也十分丰富，从马克思主义到科学发展观序列的理论政治教学成为思想政治教育的主体内容。对于高校学生来讲，如果不对相关理论做深入研讨，往往会浅尝辄止，加上课外指导、组织活动不具有强制性，大学生的思想政治教育最终将会陷入泛化和虚化。这一普遍存在的问题亟待改善。

（二）大学思想政治教育对劳动教育的漠视

"德智体美劳"向来被认为是高等教育内容中最重要的五个方面，但在实际的大学生培养和教育过程中，对德、智的强调往往会占据首要地位，体育和美育方面尽管在其次，但往往也会有所注重，唯有劳动教育未能得到足够重视。"四体不勤、五谷不分"成为嘲笑当代象牙塔里大学生的常用语言，对劳动教育的缺失以及对这种缺失的漠视，已经成为高校学生全面发展的软肋和"最后一块木桶板块"。如何尽快补上劳动教育的缺失课程，既是大学教育需要深思的课题，更是加强大学生思想政治教育的必要环节。

（三）大学思想政治教育案例教学不足

诸多教育实践研究证明，吸引学生参与思想政治教育互动过程，提升思想政治教育的自身魅力，增加案例教学是思政教育的有效途径。然而，现行的思想政治教育案例为数不多，甚至让学生感觉离实际生活较远，难以接受。20 世纪 50 年代以来，数以万计的劳模事迹是思想政治教育案例教学的巨大资源宝库，每一名劳模身上所体现出来的价值追求，都值得当代大学生学习和效仿。尤其是改革开放以来的劳模精神，其体现出来的创新创造和价值追求，鼓舞了几代人共同追求的梦想，成为难以磨灭和永不忘怀的民族记忆。因此，挖掘劳动模范先进事迹，弘扬劳模精神有助于补充大学生思想政治教育案例教学的不足。

三、劳模精神与当代大学生

劳模进校园，不仅仅是把劳模请进高校做讲座，更重要的意义是在于把劳模精神融入当代大学生的精神世界，把劳模的先进事迹融于构建校园文化过程中，把劳模精神化为引导、激励大学生奋发向上的正能量，培育当代大学生的劳动热情、奉献精神、集体意识和正确的就业观念。

（一）劳模精神培育劳动热情

当代大学生处于改革开放取得辉煌成果的新时期，在享受物质丰富的现代生活时，积极参加一线劳动的自觉性和热情度却不高。如果高校在大学生参与课外身体力行的体力劳动方面引导不足，就可能会加重大学生自视为"天之骄子"的自傲心态，导致其难以俯下身去参加具体的建设实践，只会空谈高远理想和理论知识，无法做到理论和实践的统一。在大学生中弘扬劳模精神，就是要培育他们的劳动热情，鼓励他们积极参加各种劳动，用实际行动锻炼和提高技能。

（二）劳模精神涵养奉献精神

当代大学生群体是改革开放以来的 95 后、00 后，计划生育国策的实行，使他们大部分都是独生子女，甚至是多个家庭围着转的"小皇帝""小公主"，很多学生在家里衣来伸手、饭来张口，连最基本的家务都不愿做。娇宠、优渥的生活环境带给他们良好的物质享受，但在精神世界往往会陷入孤独、自我的病征，不懂得与人分享，更别提向社会奉献。劳模精神不仅强调自己动手丰衣足食的劳动价值观，更高扬奉献社会的人生追求。只有把自己的劳动创造服务于人民、服务于社会，才是劳动者的终极追求目标。因此，在高校弘扬劳模精神，就是要弘扬奉献精神，把对社会和人民的贡献作为人生的最高理想，在大学生人格教育和成长方面补足短板，实现大学生健康全面发展。

（三）劳模精神提升集体意识

现代社会人与人之间的联系日益紧密，相互依赖的程度逐渐深化加强，集体意识也成为大学教育亟须的重要内容。我国高校一般采取全日制、住校生活的培养模式，班集体与宿舍的文化熏陶是集体意识形成的良好土壤。但如何将集体意识转化为具体行动，尤其是在学习、生活及工作中将集体潜意识自觉显现为团队合作的正能量，这是高校思想政治教育的一个重要方面。劳模精神中蕴含的"集体高于个人"的观念有助于培养大学生的团队协作意识和能力。劳模精神就是要把个人的价值追求融入国家、社会的大洪流中，在具体的劳动实践过程中，带动集体，共同进步。

（四）劳模精神矫治就业观念

"就业难"成为全社会都在关注的话题，众多大学生毕业即失业的现象甚至导致对高等教育价值衡量的质疑。相关研究表明，结构性失业是就业难的重大成因。大学毕业生在择业时往往只向往窗明几净的写字楼，不愿意深入基层、工作一线，宁愿留在大城市里做蚁族，也不愿到基层创业。而劳模精神就是鼓励劳动者在基层、在岗位创造价值，劳模精神还鼓励创造性和创新性劳动，鼓励创业。因此，爱岗敬业、艰苦奋斗、勇于创新的劳模精神是矫治错误就业观念、岗位观念的对症良药，先进劳模事迹和精神将会潜移默化地对大学生择业、就业、创业等观念产生正面影响。

四、弘扬劳模精神的新价值

劳模精神进校园，把弘扬劳模精神和做好改进大学生思想政治教育工作相互融合，是丰富和充实思想政治教育的必要途径，也是更好地在全社会弘扬劳模精神的体现。高等教育的本质目的就是培养德智体美劳全面发展的人才，只有在高校培养人才的全过程中高举尊重劳动者、尊重劳动价值的旗帜，才能使高校学生更好地传承社会主义理想信念，更加深入地理解社会主义核心价值体系，更加自觉地成为社会主义事业接班人。

（一）劳模精神是共和国建设和改革开放时期的理想信念的传承载体

劳动模范评选制度是深具中国特色、面向普通民众的奖励优秀劳动者制度，在社会主义革命和建设以及改革开放等各时期都发挥着重要作用。因此，高校思想政治教育中关于中华人民共和国历史的内容不可缺少有关劳模精神与价值的介绍。劳模事迹和劳模精神是社会主义理想信念教育的活教材、活案例，宣传劳模事迹、发扬劳模精神有助于修正理想信念教育中的虚化和泛化，有助于补充案例教学的缺失，使理想信念真正落实到活生生的、有血有肉的人，落实到具体的、真实存在的岗位上，落实到社会主义现代化建设的实践中。

（二）劳模精神是当代中国特色社会主义价值体系的重要组成部分

中国特色社会主义价值体系是当代中国最重要的理论成果之一，是构建社会主义和谐社会的重要条件，涵盖马克思主义指导思想、爱国主义为核心的民族精神和以改革创新为核心的时代精神，以及以"八荣八耻"为主要内容的社会主义荣辱观。劳模精神的内涵与民族精神、时代精神、"八荣八耻"等内容严密契合，可以说劳模精神是社会主义价值体系内容的具象化，充分阐释和说明了在实际的工作和生活中如何构建和实践社会主义价值体系。因此，劳模精神进校园，把劳模精神和高校思想政治教育工作紧密结合，是宣传和实践中国特色社会主义价值体系的重要手段，是培养和提升大学生对社会主义价值体系认同的重要抓手。

（三）劳模精神是培养和造就社会主义事业接班人的优质精神食粮

劳模评选活动自开始举办以来，就受到了全国人民的欢迎，数十年来推选出来的先进典型已经成为国家和民族的经典记忆和优质品牌，鼓舞了数代人的劳动热情。劳动模范大多是来自民众身边的普通劳动者，他们依靠勤恳的劳动、坚定的信念、淳朴的品格和奋斗的精神获得了认可和赞扬。劳模精神是劳模群体身上集中反映出来的价值，淳朴绵长，最能感动人、打动人、影响人、塑造人。在当代大学生中宣传劳模事迹，就是要用"爱岗敬业、争创一流，艰苦奋斗、勇于创新，淡泊名利、甘于奉献"的劳模精神来培育他们的劳动热情、涵育奉献理想、提升集体意识、矫正就业观念，用优质的精神食粮满足当代大学生的思想需要，使他们成为合格的社会主义事业的建设者和接班人。

第九章

能力提升：高校辅导员队伍建设

在践行"三全育人"理念的新时代背景下，"全方位育人"与"全员育人"是有机联系的整体，互相作用，缺一不可。全体教职员工都要成为"育人者"，特别是辅导员要发挥在高校学生思想政治教育工作中的主体作用，言行举止都要履行育人之责、产生育人之效，将立德树人贯穿高校学生培养的全部过程，覆盖到广大青年学生健康成长的方方面面。

第一节　辅导员的亲和力培养

加强高校学生思想政治教育工作，是确保高校办学方向、提升教书育人质量的重要抓手。高校辅导员奋战在学生思想政治教育工作一线，是学生管理工作的中坚力量，他们直接与学生面对面，接触频繁、联系紧密，新时代新形势下加强辅导员能力建设是做好高校思想政治教育工作的必然要求。亲和力是辅导员能力建设的重要指标之一，辅导员在思想政治教育工作中自觉加强亲和力建设，能够有效提升思想政治教育的认同度、感染力，提高学生管理工作的效率和质量。

一、亲和力是思想政治教育工作的内在要求

从词源上看，"亲和力"最早是一个生物或化学概念，主要是指两种物质之间具有相互作用的化合能力，借用到社会科学研究中主要是指不同的群体之间在相处时所表现出来的彼此吸引、相互亲近的心理状态或能力水平。在教育学科范畴，亲和力着重强调的是教育实施者和教育对象在互动的过程中表现出来的亲近感和趋同性。辅导员群体是高校思想政治教育工作的实施者，学生是思想政治教育工作的主要受众，辅导员的亲和力是辅导员在开展思想政治教育工作中对学生的引领、感召、同化能力。

高校辅导员是大学生思想政治教育工作的骨干力量，同样也是大学生健康成长的人生导师和知心朋友，是对大学生影响最直接、最深刻的关键少数人群。辅导员是与学生近距离、大范围接触最多的教育实施主体，辅导员的亲和力主要包含四个方面：信任关系上的亲近感，理想信念上的认同感，工作方法上的感染力，教育效果上的凝聚力。

思想政治教育工作既是思想工作，也是政治工作，必然离不

开发挥亲和力的重要作用。从亲和力与思想政治教育的关系上来看，提升思想政治教育工作的亲和力是高校坚持立德树人教育根本任务的内在要求，亦是做好新时期大学生思想政治工作的必然选择。思想政治教育并不是板着面孔训人，而应是春风化雨润物无声的感化与教育。因此，培养辅导员亲和力是做好思想政治教育工作的基本要求。

亲和力是辅导员考核体系中的重要指标。为加强高校辅导员队伍建设，教育部先后颁布了《普通高等学校辅导员队伍建设规定》和《高校辅导员职业能力标准》等一系列重要文件。这些文件对辅导员的岗位性质、工作职责、考核办法等做出了明确规定。从岗位设置和职责定位上来看，辅导员要做好学生的知心朋友和引路人，工作中要尊重学生、爱护学生，关心学生的成长与进步，要走入学生群体、走近学生生活、走进学生内心，才能抓好思想政治教育工作，完成作为辅导员岗位的主责主业。

亲和力是辅导员顺利开展思想教育和日常管理工作的助燃剂。辅导员九大职业功能中，有思想政治教育、党团和班级建设、学业指导、日常事务管理、心理健康教育与咨询、危机事件应对、职业规划与就业指导等七项职业功能，都要求辅导员要采取谈心谈话、激励鼓励、教育引导、深度辅导等以沟通交流为基础的工作方式。而在沟通交流过程中，亲和力无疑是拉近师生感情距离、增进学生对教师的信任感，进而搭建起稳固有效的情感交流平台，最终使辅导员能够顺利完成上述工作内容的基础元素。可见，亲和力是打开学生心灵之门的钥匙，也是辅导员完成岗位工作任务、达到基本职业要求的基础保障。

总之，高校加强思想政治教育要重视发挥思想政治教育亲和力的优势和作用，辅导员队伍建设和能力提升也要从亲和力培养入手，培养亲和力是辅导员队伍建设凝聚力的重要方面。

二、亲和力是辅导员能力建设的重要方面

亲和力作为一种能力，不仅是深植于内心的意识，而且要在实际工作中展现出来，用热情的态度、高度的责任心来具体诠释辅导员的亲和力。一般而言，辅导员亲和力强的主要表现也可以按照不同阶段分为四个方面：受到欢迎、能被记住、获得信任、听从指导。

在新生入学教育工作中，辅导员承担着帮助学生尽快熟悉大学生活、适应大学环境的主要责任。在这一阶段，辅导员要带领学生群体建立对大学生活的最初感知，充分利用好心理建设与沟通交流的首因效应，构筑好受到学生欢迎的第一印象，为后续顺利开展管理工作打下基础。

辅导员的工作千头万绪，不仅要把握好思想政治教育方向的坚强引领，更要在日常管理工作中以身作则，投入感情、融入教育。日常管理工作有可能琐碎或繁杂，但也正是这些有来有往的密切接触，才能建立起辅导员与学生之间的亲密情感。很多高校毕业生可能对具体的专业课教师的印象不一定深刻，但对辅导员

的记忆往往会更为长久，能够被大多数学生记住是后续开展工作的基础，"有事找导员"这一工作目标被很多优秀辅导员所津津乐道。

辅导员深入学生的实际生活，高度参与到学生生活中的方方面面，与学生建立信任关系，是开展思想政治教育的基础。根据岗位职责要求，辅导员要把成为学生的知心朋友作为工作目标，只有与学生建立充分信任的友好关系，才能更好地发挥思想政治教育润物无声的长效作用，才能在学生成长的关键时刻领好路、带好头。

辅导员不仅是学生生活问题的解决者，更是思想政治动态的实际掌舵人。从日常生活入手，对学生的思想动态有所掌握，及时帮助他们解决思想上的困惑和波动是辅导员工作的重要方面。学生听从辅导员在生活、学习和思想上的指导，是检验辅导员工作质量和亲和力水平的重要指针。

辅导员的亲和力如何，直接影响到思想政治教育的实际效果。目前辅导员对亲和力方面的认识不足，主要表现为三个方面。一是辅导员主观上对亲和力的认识不全面。有的辅导员认为，亲和力会损害在学生管理中的权威性，因而不愿意深入学生中间去，习惯停留在办公室解决问题，或者通过部分学生干部间接解决同学的问题，这并不能与学生建立直接的联系，难以掌握每一名学生的实际状态，更难以因材施教、具体分析并解决学生的实际困难。二是工作中运用亲和力的方法不到位。一些辅导员在工作中方法武断，缺乏柔性，只强调纪律约束和行为规范，习惯使用惩戒性的校规校纪，追求管理上的硬性要求。三是思想政治教育中的亲和力效果不明显。有一些辅导员在工作上完成了形式上的活动组织，没有从思想层面建立学生对主流价值观的认同与追求，学生对思想政治教育的反应平平淡淡、被动应付，缺乏主动参与和深度探索，导致思想政治教育流于形式，泛于表面。这些都是亲和力效果不显著的具体表现。

三、自我培养是辅导员亲和力提升的重要路径

亲和力是辅导员能力建设的统一要求，但就个人而言，不同的辅导员根据个人的个性特质、专业特长等方面表现出个体差异。如具有体育特长的辅导员，通过时常参与学生一起运动的活动，在增加彼此了解的基础上建立信任，当然是提升辅导员亲和力的有效路径。总体来看，辅导员的亲和力建立在对工作内容的驾轻就熟、对工作对象的深刻了解、对工作手段的灵活选择等方面。

第一，思想跟上时代，为提升亲和力打下基础。辅导员在工作中要时刻牢记立德树人这一根本任务与岗位职责，要时刻牢记教书育人的根本要求，要时刻牢记思想引领的基本任务。辅导员的工作具有特殊的政治意义和价值，要站在为国家、为民族、为社会培育英才的高度上看待辅导员的工作。把学生的成长成才与国家的发展、民族的振兴紧密联系起来，从思想上认识到做好辅导员工作的重要性。办社会主义大学需要确保政治上的正当性、

先进性，要从观念上、思想上做好提升辅导员亲和力的动力供给。唯有如此，才能在内在动力上追求工作上的亲和力，与学生建立亲密无间的同志式的关系和情感。

第二，内容贴近形势，为提升亲和力注入营养。因事而化、因时而新，学识与见解要居高见远。辅导员的亲和力培养，要从以德服人的要求上下功夫，这不仅要求辅导员自身要素质过硬，更要求辅导员在教育过程中，追求教育内容具有高度深刻的思想性，能够为学生提供有价值、有营养的思想资源。因此辅导员要加强理论学习，先学一步、深学一层，把思想的深度化为工作的刻度，确保为学生提供最新颖、最鲜活的思想食粮，确保学生的思想胃口吃得饱、吃得好。

第三，情感投向受众，为提升亲和力打通脉络。辅导员要爱岗敬业，对业务充满热情、对学生充满感情、对事业充满激情。思想政治教育工作说到底是做人的工作，将心比心，带着感情投入进去，才能换得学生的信任和依赖，才能在工作中时时刻刻做到以学生为本，爱学生、爱岗位、爱教育。辅导员要关心学生的生活，解决学生的实际困难，站在学生的角度设身处地地思考学生的困惑，解答学生的疑虑，为学生打开心结，帮助学生走出困境。

第四，手段符合潮流，为提升亲和力增加助力。网络媒介提高效率，提升速度，也携带温度。能力与手段要融合得当。新一代的大学生是互联网时代的宠儿，他们习惯在网络上发表言论、获取信息，辅导员要结合学生的信息习惯，使用学生乐于接受的手段、方法、途径，与他们建立顺畅的沟通渠道。辅导员要能够写网文、发博客，用新媒体的传播渠道来传递有营养、有价值的信息，用学生熟悉的方法，熟悉的配方提供精神大餐。

辅导员的亲和力培养不仅是辅导员个体单枪匹马的努力，更需要学校教育机构各部门共同协助，营造亲切、包容、开放的教育工作环境，让亲和力强的辅导员工作起来更加得心应手，让同学们欢迎的辅导员受到鼓励，打造相互学习、彼此促进的工作机制，激励辅导员在岗位上认真负责、创新开展工作，形成教学相长、共同提升的工作氛围，切实提升思想政治教育工作的实际效果。

第二节　辅导员的职业力提升

高校辅导员作为与大学生接触最频繁、解决问题最多、指导面最广、了解学生最深的高校思政工作一线主力军，他们的工作质量将直接影响大学生思想政治教育的质量。其中，辅导员自身的职业能力、职业素养是影响其工作质量的一个重要因素。在新形势下，高校必须重视辅导员的能力建设，着重加强辅导员队伍的整体培育和引导，提升面向新时代思想政治教育要求的职业力，更好地完成大学生的思想政治教育工作。

一、辅导员职业力现状

"职业力"的概念源自人力资源管理，重点强调岗位工作人员在本职岗位工作方面的职业精神、专业能力、合作意愿、竞争意识，以及完成工作的实际效果。辅导员作为高校普遍设置的管理岗位，既有一般职场需求的普遍能力，更有岗位工作特殊的意识所需要的个性能力，更加强调岗位奉献服务大局的职业精神，更加要求拥有宽泛而又专业的思想政治工作能力，更加注重面向未来的发展能力。从这几个层面来看，目前辅导员群体的整体职业力状况并不乐观。

第一，辅导员普遍对岗位认同感不强，职业进取精神的动力不足。当前辅导员群体中存在的最大问题就在于职业认同感低，这种现象的成因在于不少高校对辅导员工作的重要性认识不到位，尤其是现行的管理体制带来的辅导员分流、归口以及晋升晋级空间等因素限制，再加上日常辅导员角色多样化和工作职责泛化的职业压力影响，致使辅导员对坚定职业发展信心产生动摇，看不到个人成长和进步的空间前景，工作环境难以带来职业愉悦与成长收获，客观上影响了辅导员的工作热情、积极性和责任心。辅导员职业化建设必须从思想上解决对辅导员的职业认同问题，帮助他们树立职业精神。由于职业认同感的降低，导致高校辅导员在政治理论学习方面缺乏动力，难以从自我困境中实现超脱，影响岗位工作的实际效果。高校辅导员作为大学生成长的引路人，应该具备时代感召力和号召力，引领学生融入时代的主流，积极开拓进取。但不少辅导员在工作中缺少足够的激情，有的陷于眼前事务，缺乏站在高处远眺的视野和与时代同频共振的行动，开拓创新和积极进取的动力不足，缺乏历史责任感和时代使命感。

第二，辅导员普遍存在专业能力不足，缺乏完整的后续发展培训的问题。在新媒体时代，面对大学生价值多元的境遇，辅导员对大学生教育管理和引导显得有些力不从心，其能力素质提升滞后于时代发展需要和学生成长需求。首先是知识储备不够。高校辅导员不仅应具备宽广的知识储备，了解马克思主义理论、哲学、政治学、教育学、社会学、心理学、管理学、伦理学、法学等学科的基本原理和基础知识，还应了解和掌握思想政治教育专业的基本理论、基本知识、基本方法以及大学生思想政治教育工作实务的相关知识、法律法规知识。换句话说，辅导员既要能做"专家"，又应成为"杂家"，才能胜任大学生的人生导师。但调查显示，有90%以上的辅导员认为当前最大的困惑是辅导员自身知识储备和能力的提升与社会快速发展和学生日益成长需求间的矛盾，感到差距较大，提升较难。以心理学为例，95%的辅导员认为，面对不断增多学生的心理问题，很难从专业角度去及时发现并有效解决。其次是教育管理乏力。辅导员普遍对大学生管理教育的规律探讨不够，对大学生成长规律特点研究不足，开展学生工作凭老经验、老做法，管理教育手段单一，理论基础不够扎实。尤其是在新媒体时代，网络素养急需提高，否则无法应对不断发展变化的学生工作。最后，面对当前高校大学生心理问题不断增多的现状，不少辅导员对大学生心理健康教育缺乏理论根基，缺少实践经验，有的甚至显得束手无策。面对大学生中间出现的突发事件，不少辅导员缺乏应对突发事件的能力，处置不当的情况也时有发生。①

第三，辅导员个体职业发展前景不广，成长激励的后劲有待提高。高校辅导员的一项重要职责是用国家政治、经济、科技等发展新成就激励引领学生成长，树立民族自信心和自豪感，增强爱国情怀，这是思想政治教育的重要内容，但不少高校辅导员对此缺乏应有的关心和关注，这就带来了一系列问题。首先是科研水平不高。高校学生思想政治教育是一门既有理论价值又有实践价值的交叉学科，包括高校辅导员职业领域也有诸多值得研究的地方，但当前高校辅导员用于科研的时间和精力十分有限，缺少潜心深入研究问题的精力和环境，对工作中遇到的许多问题，难以做出深入的探索和深邃的理论提升，大多数辅导员的科研活动尚在浅层次的阶段徘徊，缺乏对工作实践的理论高度提升与精心凝练。其次是创新意识不强。能否做好辅导员工作的关键在于是否善于创新。面对多元文化、多元价值、网络环境、独生子女个性特征等给大学生思想带来的冲击，高校辅导员普遍存在主动寻求对策办法的意识不强，缺乏鲜活的方法给学生以生动的教育引导，

---

① 数据来源：中国劳动关系学院院级青年课题"全过程育人视域下的辅导员队伍建设探析"（项目编号：18ZYSZ006）问卷调查。

缺少国际化视野和时代眼光。最后是缺乏学习研究深度。目前高校辅导员理论专业知识背景各异，多数在专业知识上无特别精通的领域，往往把握专业知识的水平跟不上形势发展的需要，特别是面对学生对新知识、新科技强烈的学习愿望，辅导员常常出现本领和能力恐慌，从而影响其职业生涯的可持续发展。

二、高校辅导员职业力提升路径

新形势下，国家、社会、高校和学生对辅导员职业力提出了更高的要求和期望，辅导员只有不断地提高自身的职业素养，才能契合辅导员的职业特点，进一步提升辅导员工作的科学性、实效性和前瞻性，切实提高大学生思想政治教育的质量。

（一）正视本领恐慌，提升岗位履职信念

新一轮聘任工作完成后，很多干部都走上了新岗位，也面临着新挑战。我们在主题教育调研中，大家普遍反映了本领恐慌和能力不足的问题，这是大家敢于直面问题、敢于担当的表现。

第一，把握机遇，提高认识，主动自觉加强学习。学习是学生工作队伍成长进步的必由之路，作为学生工作队伍的一员必须把加强学习作为终身任务，把学习作为进步的阶梯、前进的动力。从目前高校辅导员队伍的整体现状来看，普遍是高学历、高知识、高水平，大部分都是年轻同志，有较高的工作热情，并在实践中积累了一些经验。但是，也必须看到同新形势、新任务的要求相比，还有一些局限和不足。第二，把握重点，强化学习，积极投身实践锻炼。辅导员队伍直接面向学生开展管理服务，是比较具体的思想政治引领和人际关系管理，在学习培训过程中一定要联系自身的工作实际，讲求学习的针对性和实效性。古人云："博学而不穷，笃行而不倦。"知行合一、学以致用是我们搞好学习、做好工作的重要方法。任何学习的目的都在于应用，在于解决实际工作中遇到的困难和问题，要紧密结合工作实际，带着问题学、带着问题思考、带着问题请教、带着问题交流，直到彻底弄懂、吃透、会用，积极主动地把学习到的理论、方法、技能充分运用到实际工作中去。第三，把握方向，注重创新，完成思政工作任务。时代在发展，社会在进步，高校思想政治教育工作的对象、环境、目标、任务也在发生着变化，辅导员要因应变化，主动了解新情况、解决新问题，坚持与时俱进，聚焦时代特征和大学生的思想实际，将改革创新作为加强和改进大学生思想政治工作的根本动力，使思想政治工作始终贴近学生、贴近校园、贴近生活、贴近时代。

（二）始终保持学习心态，持续不断加强学习

一要学习理论。习近平总书记对于新时代中国特色社会主义理论体系中关于高等教育方面的论述立意高远、内涵丰富、意义深刻，对辅导员做好各项工作具有非常重要的指导意义，尤其是习近平总书记在全国高校思想政治工作会议上的讲话精神，是辅导员做好思想政治教育工作的重要指针和根本遵循。高校辅导员和其他学生工作队伍一样，要对习近平总书记的系列讲话精神开

展深入学习，尤其是学习习近平总书记在全国思想政治工作会议上的讲话精神，在全国教育大会上的讲话精神，学习总书记面向高校、面向青年学生的深刻论述，以更高的觉悟、更加奋进的精神学好理论。

二要学习政策。习近平总书记系列讲话中多次强调党办教育一定要坚持党的领导，坚持社会主义的办学方向，坚持为国育才的办学目标。① 党和国家在高等教育方面出台了很多的政策，制定了很好的制度，这就要求高校辅导员要抓住时机，认真学习，掌握政策，落实好党和国家对高等教育事业的关注、对青年学生成长成才的关爱。例如国家出台的学生奖助政策、学生就业创业政策等，这些政策既是对高校辅导员工作的要求，也是高校辅导员做好工作的法宝，更是高校辅导员坚持的底线。

三要学习文件。任何一项理论、政策落实到实践上来，都会以文件的形式成为规范，因此高校辅导员要高度重视对文件的学习。无论是国家发布的文件、教育部北京市教委等发布的文件，还是学校制定的相关文件，都要认真学习，尤其是各位总支书记，自己要首先弄明白文件的指向、要求，再根据要求布置工作，坚决不能当文件的收发员、传递员，而是从一开始就能够学习充分、理解到位、执行彻底。

明白了主要学习的理论、政策、文件后，高校辅导员还要坚

---

① 郭一. 自媒体时代高校学生思想政治教育工作创新探究［J］. 学校党建与思想教育，2017（03）.

持科学的学习方法，学习的过程中要始终坚持原原本本学、积极主动学、交流对照学、结合实践学的主要方法，切实做到学懂、弄通、做实，不搞花架子、不刮一阵风，使学习成为常态、把学习养成习惯。

（三）始终坚持理想追求，持续不断提升职业能力

当前我国的高等教育处在一个急速变化的时代，也处在一个信息爆炸的时代，更是知识更替最为剧烈的时代。辅导员作为高校管理工作者，只有不断学习才能与学生一起成长，才能真正做到"围绕学生、关心学生、服务学生"。新时代下研判新形势、解决新问题是职业上的立身之本，也是岗位工作的任务目标，因此辅导员提升职业力，要始终坚持对专业的热情、对职业的热情，以及对事业的热爱，用坚定的理想信念增强工作动力，提升工作质量，激励工作队伍、工作对象一起共同成长。

第一，高校辅导员要学做理论专家。学生工作是一项专业性非常强的管理工作。习近平总书记指出，做好高校思想政治工作，要因事而化、因时而进、因势而新，要遵循思想政治工作规律，遵循教书育人规律，遵循学生成长规律，不断提高工作能力和水平。① 这三个"因"和三条"规律"，都要求辅导员不断去追求科学的理论和方法，只有加深了对三大规律的了解，才能在工作中做到有条不紊、游刃有余，才能真正把学生工作的质量提上去。

---

① 习近平. 把思想政治工作贯穿教育教学全过程　开创我国高等教育事业发展新局面 [EB/OL]. 人民网，2016-12-09.

当然，限于各种条件，也不可能要求每一位辅导员都放下具体工作，全部去研究理论，而是说要通过加强理论学习，对高深理论不陌生、不畏难，加强对思想政治教育理论话语的学习与掌握，在与学生谈话谈心、日常管理指导中熟练运用，把握思政引领的话语权，这样的"以理服人"才能更好地凝聚学生、团结学生。

第二，高校辅导员要学着做政策行家。新时代下，加强高校学生管理，尤其是严格管理，为高校学生"增负"是一项难得的共识。由俭入奢易，由奢入俭难，为收到对学生严格管理的效果，就要加强学生日常管理的政策制定、宣传与执行，让学生入学时就明白学校的严格要求、纪律底线，及早破除对大学生活轻松过关的幻想。高校辅导员不仅要宣传好党和国家的政策、执行好学校的政策，还要配合高校各部门制定、执行好具体的管理政策，让学生明白、让学生信服、让学生践行。

第三，高校辅导员要学着做实干赢家。新时代是民族复兴的时代，是国家腾飞的时代。高等学校的发展日新月异，每一个部门、每一个领域都在抢抓机遇，实现创新发展，高校学生管理工作、基层党建工作也要当仁不让，在高等教育发展的大局中多做贡献。高校学生管理工作质量要提升，学生活动品牌要打响，学生事务处理要顺畅，这就要求辅导员队伍要在实干中磨炼、实效中提高，用工作成果的成就感、自豪感相互激励，形成正向的积极循环，既要想赢，还要敢赢，更要能赢，赢在质量，赢在执行。当然高校辅导员做实干赢家，不是要凸显个人，而是要为大局而赢，赢在学生成长、赢在学校发展、赢得为国家社会做更多贡献的机会。

当然，辅导员职业素养的提升是一项系统工程，除了辅导员自身的努力之外，更需要各级教育行政部门和高校引起高度重视，出台更多有利于辅导员专业化、职业化发展的政策和措施，包括加强辅导员培养培训工作，强化辅导员的团队建设，加强辅导员队伍文化建设，完善辅导员职业晋升的通道和机制等。只有重视高校辅导员队伍的职业发展，培育职业理想和职业精神，提升辅导员的职业素养，才能使高校思想政治教育工作永葆生机和活力，从而切实提升思想政治教育的质量和科学化水平。

参考文献

[1] 习近平. 把思想政治工作贯穿教育教学全过程 开创我国高等教育事业发展新局面 [EB/OL]. 人民网, 2016-12-09.

[2] 甘桂阳. 高校学生党建工作: 问题透视与对策创新 [J]. 改革与开放, 2010 (18).

[3] 潘秀山. 新时期高校学生党建工作的挑战与对策研究 [J]. 思想教育研究, 2010 (02).

[4] 薄舜予. 新媒体视阈下高校学生党建工作创新研究 [D]. 东北石油大学, 2014.

[5] 冀学锋, 鲁良. 论高校学生党建工作质量提升的优化路径 [J]. 思想教育研究, 2012 (09).

[6] 曾祥棋. 高校学生党建工作的现状及其改革 [J]. 福建教育学院学报, 2014 (07).

[7] 李菊. 高校学生奖励工作面临的问题与对策 [J]. 白城师范学院学报, 2006 (06).

[8] 童冬柏. 高校学生奖励机制激活的新视域 [J]. 绥化学院学报, 2006 (03).

[9] 王丽萍. 高校学生荣誉奖励体系的构建及实证研究 [J]. 河北大学学报 (哲学社会科学版), 2008 (05).

[10] 刘娟. 物质奖励对学生内在学习动机的侵蚀效应及启示 [J]. 现代教育科学, 2014 (06).

[11] 曲莎莎. 哈佛本科生荣誉体系对我国高校学生奖励工作的启示 [J]. 教育探索, 2014 (05).

[12] 刘亚敏. 高校资助体系下加强大学生思想政治教育的途径 [J]. 曲靖师范学院学报, 2015 (02).

[13] 史凌芳. 高校学生资助工作中开展思想政治教育新析 [J]. 学校党建与思想教育, 2011 (07).

[14] 董波. 论思想政治教育在贫困生资助工作中的意义 [J]. 学校党建与思想教育, 2011 (06).

[15] 洪流. 资助育人：高校资助工作中的思想政治教育 [J]. 安庆师范学院学报 (社会科学版), 2013 (01).

[16] 刘水宁. 浅谈高校学生资助工作中的思想政治教育问题 [J]. 山西青年, 2013 (05).

[17] 吴咏梅. 论我国高校军事理论课教学 [J]. 武汉工程大学学报, 2009 (08).

[18] 陈世利. 关于提高普通高校军事理论课教学质量的思考与实践 [J]. 改革与开放, 2009 (08).

[19] 付强. 强化军事理论课育人功能实现立德树人使命 [J]. 思想政治教育研究, 2015 (03).

[20] 龙湘攸. 论军事理论课教学在高校的教学地位 [J]. 湘潭师范学院学报（社会科学版），2005（01）.

[21] 傅建平. 高校军事理论课的实践途径研究 [J]. 赤峰学院学报（自然科学版），2015（11）.

[22] 郑晓燕，林柱. 浅析在校大学生入伍的利与弊 [J]. 改革与开放，2011（06）.

[23] 佟延春. 高校大学生征兵工作创新思路与管理模式探析 [J]. 绥化学院学报，2014（09）.

[24] 刘素贞. 大学生入伍的发展趋势及其德育价值探析 [J]. 思想理论研究，2013（16）.

[25] 庄玉琳. 在校大学生应征入伍政策演进研究 [J]. 内蒙古大学学报，2012（04）.

[26] 刘瑾，程自武. 当前高校征兵工作应形成的几个共识 [J]. 国防，2015（09）.

[27] 谢可滔. 试论高校毕业生就业困难群体的就业援助 [J]. 白云职业技术学院学报，2001（02）.

[28] 吴同，孙哲. 对大学生就业困难现象及其就业保障的思考 [J]. 内蒙古农业大学学报（社会科学版），2006（02）.

[29] 马美. 大学生就业困难群体援助：现状、困境与出路 [D]. 研究生论文，2009.

[30] 杨要杰. 高校家庭经济困难学生就业援助研究 [J]. 科技信息，2013（06）.

[31] 黄一岗. 大学生就业困难群体的特征及帮扶策略 [J]. 教育评论，2015（02）.

[32] 陈琢. 贫困生资助工作与就业援助一体化模式构建的思考——基于校企合作的视角 [J]. 人力资源管理, 2014 (06).

[33] 于航. 高校特困生群体就业困境与工作对策 [J]. 学校管理研究, 2015 (01).

[34] 刘玉娟. 试论高职院校的创业教育课程 [J]. 教育探究, 2008. (09).

[35] 蒋剑平. 试论艺术设计专业从传统教育模式向工作室制创业教育模式转型 [J]. 邵阳学院学报, 2008 (12).

[36] 徐德华, 郭宏群. 论构建与实施高校科技创业教育模式 [J]. 高等农业教育, 2007 (05).

[37] 陆红云. 机电专业创业教育课程模式研究 [J]. 职业教育研究, 2009 (02).

[38] 曹鹏, 杜海东. 基于营销学视角下的创业教育体系建设研究 [J]. 创业经济, 2009 (02).

[39] 王刚. "形势与政策" 课规范化建设: 问题与解决路径 [J]. 思想理论教育, 2015 (11).

[40] 杨凤勇. 高校形势政策教育的创新与实践 [J]. 思想政治教育研究, 2007 (03).

[41] 崔景明. 加强高校 "形势与政策" 课教学管理实践探析 [J]. 思想理论教育导刊, 2013 (10).

[42] 骆郁廷. 加强形势与政策教育的多维思考 [J]. 思想理论教育, 2015 (11).

[43] 李斌雄. 新中国成立以来高校学生形势与政策教育述评 [J]. 马克思主义研究, 2009 (02).

[44] 习近平. 在同全国劳动模范座谈时的讲话（全文）[N]. 人民日报，2013-04-28.

[45] 张明师. 胶合与同构：劳模精神形象变迁与国家意识形态 [J]. 学术论坛，2012（02）.

[46] 乐章，庄根来. 改革开放以来我国劳动榜样形象变迁 [J]. 中南财经政法大学研究生学报，2008（05）.

[47] 王宏伟. 论劳模精神的内涵与弘扬 [J]. 北京市工会干部管理学院学报，2007（06）.

[48] 张旭新. 大学生思想政治教育贵在落实 [J]. 海南广播电视大学学报，2005（04）.

[49] 林国平.“90后”大学生思想政治教育实效性途径之研究 [J]. 福建工程学院学报，2010（05）.

[50] 张成. 试论大学生思想政治教育个体性与社会性的统一 [J]. 湖北经济学院学报，2010（07）.

[51] 丁笑生. 新形势下高校辅导员内涵建设的归宿 [J]. 思想理论教育导刊，2017（06）.

[52] 白显良. 提升思想政治教育亲和力需把握的几重关系 [J]. 思想理论教育，2017（04）.

[53] 张金虎. 新媒体环境下大学生思想政治教育创新略探 [J]. 学校党建与思想教育，2013（09）.

[54] 郭一. 自媒体时代高校学生思想政治教育工作创新探究 [J]. 学校党建与思想教育，2017（03）.

后 记

以赛亚·柏林曾借"狐狸多知，而刺猬有一大知"来臧否人物、评点英豪，对帮助认识学术思想家的气质品格颇有"一语出而泾渭分"的之效。尽管多年来我个人于思想史、学术史方面的探究已不甚深入，但万物一理，一事启而万事发，知行之间仍需认真借鉴狐狸之多知、刺猬之专知，以求真知真行。服务高校学生管理工作13年来，我先后在学生就业指导、资助管理、思政育人、军训征兵等实务部门工作，与学生们一起跨越迷茫、探索成长，在伴随他们远行的道理上偶有拾慧，把粗浅文字罗列成"豆腐块"，并在相关刊物上发表出来，既做工作记录，又做交流媒介。

专门之学术，其道在雅深。尽管经年之下行深路远，却囿于语鄙识浅，恐终吾一生都难再入门径。本书中的这些文字在初问世时模仿学界规范，偶有注释充当门面。此次整装印行，为节约资源，在尊重他人成果、方便同好阅读的前提下，对注释予以简除，以更凸显行文顺畅，更注重对解决实际困惑有所助益。

思考成为习惯，全赖众师友启迪鞭策，在此不赘以名单非忘师恩负友义，我心匪石，实乃不敢托诸贤大名而渔小利。仅依课题立项结项之惯例，对学术出版探研出资之机构表以旌名。本书中大部分内容皆为我校教育教学改革项目、中央高校科研基金项目结项成果，综合修订结集后的出版事宜赖由"中国劳动关系学院青年学者文库"、光明日报出版社德育丛书出版项目资助，在此对玉成此事的诸位领导深表谢意。

本书之缘起并非探讨学理，只是业务繁忙之絮语、改进工作之设想，仅就现行具体事务做一思考，所述每一章节题目皆为专门研究之基础，因现实工作之需要而"多知"，勉以"全方位"之题假做"专知"，只有集腋之工不期成裘之果。一事毕而新事起，步履不停求索不止，漫漫前路，无尽征程，很难说能够在未来的哪一天不悔少作，但思考的最美妙处往往就是这就要结束和即将开始的时刻。期待今后能与有心之士携手，于有闲之时就旧论新题再做推敲，惟此方能有更多思考，过好这省察着的人生。

丁建安

2020 年 7 月 10 日